Mats Eriksson

Titta, han lever!

Som jag minns

Omslagsbild: Privat fotografi

Förlag: BoD – Books on Demand, Stockholm, Sverige
Tryck: BoD – Books on Demand, Norderstedt, Tyskland

ISBN: 978-91-8057-511-9

Förord

Det som är sanning idag kommer inte nödvändigtvis att vara sanning imorgon, på samma sätt som gårdagens sanning kanske inte är giltig idag.

Allt var inte bättre förr men allt var inte heller sämre. Jag växte upp i en efterkrigsgeneration som var präglad av kalla kriget, även om tidsandan under min uppväxt, 1950- och 60-talen, generellt var optimistisk med sociala framsteg, reformer och framtidstro. Mina minnen är ömsom positiva, ömsom något kritiska, men förhoppningsvis kan de utgöra ett dokument över ett Sverige som det tedde sig för inte så länge sedan.

Boken har ett blandat innehåll, men visst fokus på medicinska ämnen, och särskilt då aspekter på anestesi och intensivvård. Det är min förhoppning att icke-medicinare skall ha överseende med detta. Min ambition med anekdoter från sjukvården har varit att visa, och på ett lättförståeligt sätt förklara, hur de kliniska handläggningarna har förändrats.

Att kalla mina minnen för memoarer vore alltför pretentiöst. Denna bok utgör snarare en bouillabaisse på minnen, anekdoter och situationer. Allt är inte kronologiskt ordnat och minnen av privat karaktär är utelämnade. Namn på personer är mycket sparsamt angivna i texten. Välkända personer i offentliga befattningar har i varierande grad namngivits och beskrivs genomgående i positiva ordalag. Har någon händelse beskrivits i negativa ordalag, så har detta givetvis skett utan att någon specifik person namngivits och hela händelseförloppet var, vid närmare eftertanke, rent fiktivt.

Kan denna bok bidra till en stunds lättsmält förströelse under en tågresa eller liknande, så har min litterära ambition lyckats.

Mats Eriksson

Portugal januari 2024

DIAGNOS:

INTOXICATIO (FENOL); E883, 1490

Ovanstående diagnos anger förgiftning med fenol och tillämpliga klassifikationer för kodning enligt Socialstyrelsens regelverk. Fenol är ett starkt frätande och mycket giftigt ämne. Användningsområdet kan sägas vara mångfacetterat; från medicinsk användning mot klåda och som solskyddsmedel (i utspädd form) till balsamering av lik eller för avrättning i koncentrationsläger genom injektion direkt i hjärtmuskeln.

Nedanstående berättelse baseras på en kombination av journalanteckningar (N° 375/1955) från Barnsjukhuset Samariten (nedlagt 1974), Stockholm med ankomst daterat 24/3 1955, min mors berättelse samt mina egna, något fragmentariska, minnesbilder.

Mitt första minne av detta är då jag som treåring en kväll borstade tänderna medan min mor var inbegripen i ett telefonsamtal. Jag minns att jag visste att fenol var starkt och giftigt och därför var förbjudet att röra, men på något sätt dök tanken upp att fenol som var så farligt, måste vara fantastiskt effektivt mot de tandtroll som lurade om man inte borstade sina tänder ordentligt.

Sagt och gjort — efter ordentlig munsköljning med fenol berättade jag detta glatt för min mor som snabbt avbröt sitt telefonsamtal och vi tog oss hastigt till det tämligen närbelägna Barnsjukhuset Samariten. Där utbröt viss uppståndelse. En moderlig jourhavande barnläkare började gråta och undrade högljutt varför det alltid skulle dö barn då hon var jour. Magsköljning utfördes, något som jag inte har direkt minne av annat än en synbild av en röd gummislang i rostfri rondskål.

Sedan blev det dags för inläggning på enkelrum. Någon form av apparat rullades in och min mor frågade vad det var och vad den skulle användas till. Hon fick då svaret att det var för att kunna ge syrgas i avsikt att "underlätta slutet". I efterhand kan jag ha vissa synpunkter på detta, då jag inte fått någon certifierad instruktion i syrgasapparatens handhavande och dessutom var helt ensam på rummet, och således i avsaknad av någon som på lämpligt sätt skulle kunna bistå. Min mor fick med sig mina kläder hem och beskedet att man skulle höra av sig "då det är slut".

Antagligen var det fråga om en låg koncentration på det fenol jag använde för att bekämpa tandtroll, men ett visst mått av tjurskallighet från min sida kanske ändå inte kan uteslutas eftersom jag envisades med att överleva. På morgonkvisten hoppade jag upp och kissade och lyckades skvimpa ut en del på golvet, något jag skämdes otroligt över. En stund senare öppnades dörren lite diskret och någon ropade glatt överraskad: "Titta, han lever!". Som belöning för min överlevnad fick jag en leksaksbrandbil. I journalen finns anteckningar om vitaktiga beläggningar på tandkött och gom, men detta är överstruket med notering "inga etseffekter". Något som kanske såg snyggare ut i efterhand med tanke på utgången.

*

Jag föddes 1951 och växte upp på Södermalm i Stockholm och var enda barnet i familjen fram till 12-årsåldern, då min bror föddes. De allra första åren tillbringade jag vid Hornstull och därefter flyttade familjen nära Mariatorget. Även min far och min farfar var födda och uppvuxna på Södermalm.

Min far var polis. Mer om detta nedan. Han kom från mycket enkla förhållanden, för att inte säga direkt fattiga. Min far hade tveklöst vad som lite eufemistiskt kan kallas "sociala ambitioner" eller med andra ord en tendens att vara statusmedveten. Han ville i sin ungdom studera vidare, men min farfar tyckte att det var bättre att min far redan i unga år började arbeta och bidra till familjens ekonomi. Han var någonstans i tolvårsåldern då han kunde köpa en riktig vinterkappa till sin mor. Som vuxen läste han kvällstid in utbildning motsvarande studentexamen, med åtföljande antagning till juridisk fakultet, där han läste in en halv juris kandidat-examen innan bördan med studier och förvärvsarbete blev alltför belastande.

Min farfar hade med- och motgångar i sitt liv som "handlande", bland en del andra titlar. En av de saker farfar handlade med var sprit insmugglad från Estland. Enligt min far, så kom ibland någon polis hem till den lilla lägenheten, tittade runt och undvek att inspektera ovansidan av kakelugnen där dunkarna med smuggelsprit låg. I gengäld fick han en stadig sup innan patrulleringen fortsatte på annat håll. Ett annat av min farfars affärstrick var, att som handlare på Kornhamnstorg i Gamla stan i Stockholm, fuska vid försäljning av lingon. Det gällde bara att luta litermåttet "lite lagom", så att lingonen nådde upp till den undre markeringen i litermåttet. På så sätt kunde uppskattningsvis 9 dl lingon säljas som 10 dl.

Vid något tillfälle lär han ha sålt en självdöd krabba till ett yngre par. Efter någon dag kom de tillbaka och berättade att de inte alls mått bra efter att ha ätit av den inte särskilt välsmakande krabban. Min farfar lär ha anlagt sin mest oskyldiga min och frågat hur de tillagat krabban. De bleknade och svarade: "Skulle den ha tillagats?". I farfars kommers ingick även att sälja kråka, under beteckningen "Skogsripa" till några av Stockholms mer kända krogar.

Jag hade en mycket kär relation till min farfar, även om jag vet att han som far och familjeförsörjare lämnade en hel del i övrigt att önska. Han var alltid mycket snäll mot mig och hade jämnt med sig choklad av märket Guldnougat, då han kom på besök. Kort tid före julen 1963 blev min farfar successivt alltmer sjuklig och allmänt klenare. Han förstod att han snart skulle dö, så han gav min mor 20 kronor för att hon, som julklapp till mig, skulle köpa en "järnvägsbro" till min tågbana av märket Märklin. Det blev en kär julklapp. Anläggningen finns kvar och är numera uppmonterad.

När farfar dog gick min far till farfars stamlokus, det gamla ölschappet "Tjoget" vid Hornstull, och bjöd gubbarna på en omgång öl som avsked och sista hälsning från min farfar.

Min farmor har jag aldrig träffat. Hon dog relativt ung på grund av något för mig okänt hjärtfel. Vid ett tillfälle lär hon ha haft hjärtstillestånd i hemmet. Läkare som snabbt kom gav henne en injektion (kamfer?) rakt in i hjärtat varefter hon vaknade till liv, så vederbörande doktor tackade för sig och lämnade farmor där hemma. I efterhand kan nog både diagnos och behandling ifrågasättas, men resultatet blev det önskade.

Min farmor hade en son och en dotter i bagaget då hon gifte sig med min farfar. Hon hade levt under knappa omständigheter i ett så kallat Stockholmsäktenskap. Vid något tillfälle lär hon ha yttrat sin förvåning över att hennes sammanboende varit borta sedan flera dagar och då informerats av en granne att hennes oäkte make hade emigrerat till USA och lämnat henne ensam med två minderåriga barn.

Vi umgicks en hel del med min halvfarbror, i mycket mindre utsträckning med min halvfaster. Min halvfarbror, Erik, var charmig och rolig om än med viss förmåga att se lite väl lätt på livet och med viss förkärlek för snabba affärer. Efter att Erik avverkat några inte helt lyckade karriärer inom den fria företagsamheten, så lyckades min polisiäre far i alla fall ordna plats för sin halvbror som så kallad grågosse (vaktmästare) på Stockholms Rådhus, något som Erik varmt tackade för och, som tecken på sin uppskattning, överlämnade en nystulen lagbok. Just det exemplaret pryder fortfarande en av mina bokhyllor.

Det är säkert många fler än jag som fått höra diverse anekdoter från föräldrarnas arbetsplatser under uppväxten. Här följer ett urval av de historier min far underhöll familjen med vid middagsbordet.

Polisväsendet var på 1940- och 50-talen mycket annorlunda jämfört med idag och organisationen betydligt mindre. I princip var det så att "alla kände alla", åtminstone inom de olika distrikten, inklusive Stockholm. Även om min far var en djupt humanistisk person som ogillade att spärra in någon i arrest och liknande, så hade han praktiska aspekter på yrket. Han föredrog sabel, vilket var standard fram till 1965, framför batong. Räckvidden var längre med sabel. Han föredrog även de handbojor i dåtidens kedjeutförande som gick att skruva åt lite extra, vilket ansågs ha en "lugnande" effekt. Handfängslet förvarades liksom tjänstepistol med ammunition i ett skåp där hemma, med nyckeln sittande i låset.

En av de saker min far tyckte illa om var att ensam, nattetid, visitera lik på Stockholms bårhus. Det hände att ambulans eller likbil stoppade en patrullerande polis för att följa med till bårhus. I en stor sal med ett varierande antal kroppar, skulle liket visiteras, det vill säga ringar, klocka, plånbok och liknande skulle omhändertas. En av min fars kollegor gjorde, helt ensam, en dylik visitation när han plötsligt blev klappad i baken. Det visade sig att på en bårvagn, bakom ryggen, låg en kropp där likstelheten plötsligt släppte, vilket resulterade i att likets arm helt plötsligt kom farande och klatschade till ifrågavarande polisman.

Min far var uttalat antinazistisk, redan på den tiden då detta inte var självklart. Han berättade om ett tillfälle när kedjefångar hade gjort ett tågbyte på Stockholms Centralstation; det var verkligen fråga om just kedjefångar. En polisiär kollega som var betydligt både mer tyskvänlig och mer burdus än min far, blev tillfrågad av en civiliserad gentleman om vad detta var för stackars människor som behandlades på detta sätt. Svaret kom: "De där, de är socialdemokrater på studieresa". Även om min far inte var särskilt förtjust i sin tyskvänlige kollega och framför allt inte i dennes åsikter, så kunde min far inte låta bli att le lite diskret när han berättade denna historia. Så vitt jag vet undslapp polismannen ifråga disciplinära åtgärder.

En annan historia som min far erinrade sig, var då han tillsammans med en kollega kom in på, numera nedlagda, Serafimerlasarettets akutmottagning med en man omhändertagen iförd handbojor, och som var i behov av omplåstring. Tjänstgörande läkare blev mycket upprörd och krävde att poliserna omedelbart skulle avlägsna handbojorna, vilket skedde. Detta resulterade i att den från handbojor numera befriade mannen, tog ett steg fram och gav vederbörande läkare en lika kraftfull, som rak höger. I ett slag hade doktorns åsikt om handbojorna och deras nödvändighet radikalt ändrats. Då han nu befann sig liggande raklång på golvet, krävde han att handbojorna omedelbart skulle komma till användning igen.

Under de sista åren vid Polisen arbetade min far vid Bedrägeriroteln. Han hade tillsammans med ett antal kollegor uppmärksammats av tvenne svenska kvällstidningar, i egenskap av "insiders" eller vad de nu skulle kallas idag. Tidningarna eftersträvade, inte helt onaturligt, vad man eufemistiskt, skulle kunna kalla en "informell dialog" med ett antal poliser, väl insatta i massmedialt intressanta kriminalfall. I syfte att uppnå detta mål, bjöd de bägge kvällstidningarna gemensamt ett antal poliser, mestadels kriminalare, på en generös middag på en av Stockholms bättre restauranger. Tidpunkten för detta evenemang uppskattas till skiftet mellan 1960- och 70-talen. Min far var definitivt inte någon festprisse, tvärtom, han var tämligen restriktiv med alkohol men tyckte att det lät trevligt och deltog i middagen som hade varit angenäm. Han bröt taffeln tidigare än de flesta och begav sig hemåt, för att vid hemkomsten diskret informera om att restriktivitet med alkohol inte hade kännetecknat samtliga deltagande kollegor.

Grundlönen för en polisman var 1953, maj månad 945:- brutto. Ersättningar för obekväm arbetstid (34,80:-) och för beklädnad (76,90 :-) tillkom. Skatten var ungefär 25%. Lönen disponerades på följande sätt enligt min fars anteckningsbok. Jämfört med hyran så ser telefonräkningen förvånansvärt hög ut men den avsåg sannolikt ett helt kvartal.

- Försäkring 20:-
- Hyra 129,17:-
- Telefon 54,95:-
- Insättning på sparkonto 100:-
- Hushåll 367:-
- Egna utgifter 74,88:-.

Min far var präglad av att ha vuxit upp under knappa ekonomiska omständigheter. Man kan lugnt säga att han var mycket försiktig med pengar och tyckte att bankboken var en trygg investering även om inflationen var högre än räntan. Samtidigt uppskattade han kvalitet och unnade sig och familj av och till något extra, om än med stor försiktighet.

Någon gång då jag var i 10–12 års åldern och min far snart skulle fylla år, såg jag i den närbelägna bok- och pappershandeln en stilig blyertspenna av märket Parker. Pennan kostade, fritt ur minnet, mellan 15 och 20 kronor, så inköpet av pennan orsakade en rejäl utgift, i min mycket måttliga budget. Utgiften noterades av min far, som avkrävde svar på vart pengarna tagit vägen. Det var bara att hitta på någon lagom neutral lögn om någon utgift. Givetvis resulterade detta i en utskällning för min slösaktighet. Det var med bitterljuv känsla, som jag kunde gratulera på födelsedagen och överlämna pennan och berätta att den utgiften som han hade ogillat så mycket hade gått till hans födelsedagspresent. Han blev uppenbart skamsen, men använde pennan med varsamhet under många år. Den ligger nu, fortfarande fullt brukbar, väl inom synhåll på mitt skrivbord.

Min far dog, liksom många poliser i den generationen, i förtid. 1987 avled han i en hjärtinfarkt. Man kan med rätta önska att framför allt den förebyggande vården hade fungerat som det var tänkt.

*

Även min mor kom från enkla förhållanden. Hennes föräldrar skiljde sig då hon var liten och hon växte till stor del upp hos olika släktingar och sågs väl inte alltid med blida ögon, utan mer som ytterligare en mun att mätta. Skilsmässor var på den tiden relativt ovanliga och betraktades vanligen som ett besvärande socialt handikapp. Min mors relation till föräldrarna lämnade en hel del i övrigt att önska; hon hade i princip aldrig någon kontakt med sin far, inte sedan spädbarnsåren.

Under en period hade min mor en schäfer som lystrade till namnet Krajs. Hon var väl då i femårsåldern. Historien bakom detta är rörande. Min mor bodde under en tämligen harmonisk tid hos en moster som var gift med en tullare i Gävle. Min mor besökte tämligen fritt och regelbundet den näraliggande tullstationen och träffade då denna schäfer som var skeppshund på en tysk båt vilken för tillfället låg i hamn invid tullstationen. Ömsesidigt tycke mellan min mor och hunden uppstod, särskilt som hunden (som sannolikt egentligen hette Kaiser) behandlades tämligen illa av besättningen. En vacker dag var det dags för båten att avgå med hunden ombord och min mor stående kvar på kajen. Efter en stunds färd tog hunden ett språng överbord och simmade iland till min mor för att bli hennes tillgivne vän, beundrare och beskyddare. Båten fortsatte sin färd. Antagligen hade rymningen observerats av båtens besättning, men den föranledde ingen åtgärd. En egen schäfer var i hennes fall inte så tokigt, då jag hört att hennes uppfostran tyvärr till stor del sköttes med hugg och slag. Vid åtminstone ett tillfälle såg sig Krajs tvungen att ingripa och med ett bett visade han att barnmisshandel inte var något han tolererade. Nu skall i ärlighetens namn sägas att det inte var mostern som slog utan en mer närstående, men tyvärr inte alltid stabil person.

Min mors farföräldrar hade invandrat från Tyskland under slutet av 1800-talet. Farfadern hette Robert Paulus och var fiolbyggare. Hans violiner håller fortfarande hög kvalitet och är kända bland samlare och musiker. Bland violin-konnässörer är Paulus känd för sina experiment med violinlacker. Han hade ambitionen att knäcka koden för den lack som gjorde Stradivarius-violinerna så kända och uppskattade. Tyvärr blev det något fel i receptet på den paulusiska lacken, vilket resulterade i att, även många år efter hans död, så hade lacken på flera violiner ännu inte torkat. Sedan ett antal år tillbaka har jag en torr och brukbar Paulus-violin i min ägo. Enligt uppgift lär han ha spelat 1:e violin i Hovkapellet, något jag dock inte kunnat verifiera.

Robert Paulus lär ha varit såväl en god och angenäm sällskapsmänniska likaväl som en tvättäkta koleriker. Även om han var katolik, så fanns ett intresse för protestantismen, vilket bland annat manifesterades av att han vid ett tillfälle blev så intresserad av någon detalj inne i Jakobs kyrka i Stockholm att han inte noterade att kyrkvaktmästaren låste kyrkporten, så morfars far befann sig inlåst i Jakobs kyrka. För att påkalla uppmärksamhet bankade Robert Paulus inifrån på kyrkporten, varvid kyrkvaktmästaren bekymrat frågade: "vem är det som bankar". Svaret kom omedelbart: "Det är Paulus". Kyrkvaktmästaren blev antagligen inte mindre bekymrad av detta svar, men öppnade i alla fall porten, så allt avlöpte lyckligt.

Familjen Paulus bodde på Jungfrugatan i Stockholm. Enligt uppgift, så fanns torrklosett inomhus, vilket antagligen ansågs tämligen exklusivt i en tid då utedass var vanliga. Nattetid kom någon form av städpersonal och bytte avträdet mot ett nytt. För att ge en ungefärlig tidsillustration kan sägas att Robert Paulus dog 1936. Två av hans barn dog i unga år, nio respektive sexton år gamla. Nioåringen, Ragnar, dog i tuberkulös hjärnhinneinflammation. Jag hoppas innerligt att han fick tillräckligt med smärtstillande medel.

Då min mor väntade mig, drabbades hon av gallblåseinflammation, sekundärt till gallsten. Även om hon var gravid, så var hon då smal och smärt, vilket givetvis underlättade operation som tog tjugo minuter och utfördes i ryggbedövning (spinal). Det lär ha varit snabbare än vanligt. Röntgen utfördes inte, däremot noggrann dissektion för att kartlägga de djupa gallgångarnas anatomi, vilka kan variera betydligt mellan olika individer och förslutning av fel gallgång kan få katastrofala följder. Eftersom gallstenarna gav sig till känna under graviditeten funderade hon på att döpa mig till Sten, men så blev det inte.

Ett stort antal år senare, då hon var ensamstående och hade erhållit en viss rondör, så dök det av och till upp en man av lantlig härkomst som ofta hade med sig hemodlad potatis, vilket renderade honom en lunch av och till. Mannen ifråga studerade min mors kroppshydda och följande konversation utspann sig:

— Du måste väga omkring XX kg,
— Ja, det stämmer. Hur kunde du säga så exakt?
— Jo, du förstår att jag har arbetat mycket med grisar.

Min mor var till största delen antingen hemmafru eller så arbetade hon som telefonist, där kopplandet av samtal sköttes manuellt i en trådväxel. Min lillebror var vid något tillfälle med min mor då hon arbetade i en telefonväxel. Han visade sig snabbt ha en oanad talang att koppla ihop två, för varandra tidigare okända, personer i ett samtal om något specifikt ämne, vilket regelmässigt resulterande i praktfulla gräl mellan dessa personer.

*

Årets längsta dag var långfredagen. Radion spelade sorgemusik, biografer och teatrar var stängda. Några festligheter var inte att tänka på. Helst skulle man inte vara ute och leka den dagen utan sitta inne och vara allvarlig, något som inte riktigt låg för mig.

Även om min uppväxt inte präglades av överflöd, så bodde vi i en trerumslägenhet, som senare byttes till en fyrarummare med öppen spis, på Södermalm. Vi hade bil, en SAAB 92 av 1955 års modell i vilken vi, året runt, färdades med sommardäck och utan säkerhetsbälten.

Min mor och jag tillbringade några sommarveckor i slutet av 1950-talet tillsammans med en lekkamrat, vid namn Sten, och hans familj i deras tämligen exklusiva sommarresidens i Skåne. Pappan i den familjen hade en position inom UD och deras ekonomi var minst sagt god. De hade egen tennisbana, stenbelagda gångar och anlagd gräsmatta. Sten och jag tjänade ihop lite fickpengar genom att kratta gångar, rensa ogräs och klippa gräs. Detta blev för mig prototypen för ett sommarställe.

Sommarloven var närmare tre månader och min mor och jag tillbringade dessa, till största delen, i samma lilla by i Norrlands kustland, dit min far kom när han hade semester. Under ett antal år hyrde vi något rum som inneboende i någon fiskarfamilj och ibland hyrde vi en egen stuga.

Några år senare, när mina föräldrar fått arrende på en tomt i "vår" lilla by invid kustbandet i Norrland och det blev bestämt att tomten skulle bebyggas, begav vi oss för att beskåda platsen för den blivande sommarstugan. Mitt minne av hur ett sommarställe skall se ut var tydligt efter besöket på godset i Skåne, så på vägen dit tog jag upp förhandling med min far om hur mycket jag kunde få för att kratta grusgångar, klippa gräsmatta och liknande. Min far som normalt var tämligen snål visade sig mycket förstående för mina ekonomiska ambitioner och jag kunde snart trissa upp priset från 50 öre till en krona för mina tänkta arbetsinsatser. Döm om min förvåning då vi kom fram till tomten och vi såg en knappt genomträngbar urskog, fylld med stenbumlingar och tät vegetation av barrträd. Situationen blev inte mindre förunderlig av min fars glada tillrop om att – "varsågod, det är bara att sätta i gång med att kratta gångar och klippa gräsmatta". 1960 införskaffades den egna sommarstugan.

I den lilla byn fanns en telefonstation med en manuell växel som bemannades av hustrun till en av byns många yrkesfiskare. Ytterst få sommarboende och antagligen heller inte alla åretruntboende hade fast telefon. Det har var tidigt 1960-tal, så mobil telefoni fanns inte ens i den vildaste fantasin. Behövde mina föräldrar kommunicera om något, så ringde min far från Stockholm till telefonstationen och bad få framfört till min mor att han skulle ringa igen klockan fem. En tant, anställd på telefonstationen, cyklade ned till vår stuga och berättade för min mor att "Eriksson ringer klockan fem". Därefter utbröt alltid en diskussion om en krona för besväret med cykelturen och efter en del "nej" – "jodå, varsågod" med ett antal repriser, så tog tanten sin krona och cyklade tillbaka.

Så småningom lät vi installera fast telefoni, vilket egentligen var ganska dyrt, men då min farfar hade avlidit 1963, så kunde vi överta hans telefonabonnemang och få det flyttat från Stockholm till sommarstugan utan någon egentlig kostnad. Till en början var telefonen försedd med vev som man vevade runt och efter en kort stund svarade någon på telefonstationen och man kunde begära att bli kopplad till det nummer man önskade nå. Eftersom växeln var manuellt hanterad kunde man vara övertygad om att alla samtal avlyssnades och fanns det något av allmänt intresse, så nåddes resten av byn inom kort av denna information.

Brunn fanns givetvis inte på den trädrika tomten. En första fråga var på vilket ställe brunnen skulle grävas. Därför anlitades en klok gubbe som med slagruta gick av och an på tomten innan han hittade rätt ställe och slagrutans klyka vred sig nedåt med sådan kraft att han inte kunde hålla emot. Vatten hittades på 4–5 meters djup, till skillnad mot en närbelägen brunn som borrades och vars belägenhet bestämdes med den tidens moderna principer. Där hittade man vatten på dryga 30 meters djup.

Min gissning är att slagruta fungerar genom att den som går med slagrutan helt enkelt är mycket livserfaren gällande olika markförhållanden och härigenom instinktivt observerar terräng och växtlighet på ett sätt som för de flesta är förborgat. Exempelvis björkar signalerar vatten i marken och det går att suggerera sig själv, så att omedvetna rörelser uppstår. Hur som helst, det var fascinerande att ha sett slagruta användas i verkligheten och än mer spännande att ha sett resultatet av densamma då vattnet helt plötsligt bröt igenom och steg upp.

Brunnsgrävning blev ett projekt för min far som tillbringade större del av en sommarsemester med att gräva i den nära nog stenhårda marken, ett inte helt ofarligt arbete eftersom han trots allt nådde ett antal meter under marken med hjälp av spade och spett, samtidigt som väggarna inte var uppstagade, så risken för ett ras var långt ifrån obefintlig. Efterföljande vinter opererades han för bråck.

Bröderna Cartwright var en snäll västernserie som gick på TV i många år. Den var oerhört populär bland oss grabbar i sisådär 7–11 års åldern. Jag tror knappt någon av sommargästerna hade egen TV på landet runt slutet av 1960-talet. Samtidigt ville vi ju se Bröderna Cartwright när så var möjligt. Vi visste att en fiskarfamilj hade TV, så när det var dags knackade vi på dörren och frågade om vi fick komma in och se på TV. Frun i huset var varmhjärtad och omtänksam men med en tämligen barsk framtoning och höll reda på om vi hade gjort något bus. Om så var fallet, fick vi några tillsägelser om vad som passade sig och som inte passade sig, med anmodan om bot och bättring. Ingen blev dock nekad att komma in och titta på TV.

Det var i 4–5 årsåldern som mina skolambitioner började vakna. Vi hade släktingar med tjänstebostad i Södra Latin, mannen i familjen var vaktmästare på läroverket. Skolgården var en väl tilltagen och välbekant lekplats, men en skola är ändå en skola, så jag gick in i skolbyggnaden och vidare uppför trapporna, för att komma till ett litet rum där en vänlig man befann sig. Sannolikt var även han vaktmästare vid skolan. Jag presenterade mig och frågade om jag kunde få börja gå i skola där. Exakt hur konversationen utvecklades minns jag inte, men det slutade med att jag stolt som en tuppkyckling gick därifrån med en blyertspenna och ett litet anteckningsblock.

Vi går raskt vidare till första klass i Maria Elementarskola. Där gick jag i nio år, hela grundskolan. Skolan var privat och finansierades via terminsavgifter. Den var antagligen varken bättre eller sämre än andra skolor på dåtidens Södermalm, möjligen var elevunderlaget något mer homogent.

Morgnarna inleddes med bönen *Fader Vår som är i himmelen*, med undantag av om det var engelska första timmen. I så fall inleddes lektionen med *Our Father, who art in heaven.* Under en stor del av åren i grundskolan sjöng vi dessutom morgonpsalm. Att kunna texterna till Sveriges flagga, Kungssången och nationalsången utantill var en självklarhet.

Tidigare nämnde lekkamraten Sten och jag insåg vid ett tillfälle att vi lekt alldeles för länge under lunchrasten och skulle komma för sent till lektionen. Sten bodde på Hornsgatan, nära Maria Magdalena kyrka, och vi antog att en blombukett till fröken skulle ursäkta vår sena ankomst. Snabbt och effektivt fick vi ihop en ganska imponerande blombukett från kyrkogårdens gravar och överlämnade buketten med några förklarande ord om att vi uppskattade henne så mycket att vi hade bestämt oss för att plocka blommor som överraskning och att det var därför vi kom för sent. Lärarinnan förstod säkert hur allt hängde ihop, men tyckte väl att det var lite humor i det hela, så den gången såg hon mellan fingrarna på vårt hyss.

Eftersom skolavgiften tyngde familjebudgeten fick jag inte så sällan höra påpekanden om hur mycket den kostade och varför jag skulle ha höga betyg för att visa min tacksamhet. Något som dock blev bättre efter att jag en gång bestämt förklarat att jag aldrig hade bett om att få gå i den skolan; det var mina föräldrars val, inte mitt.

Lärarkåren var varierande i kvalitet. Så här i efterhand inser jag att disciplinen hos vissa lärare lämnade en hel del i övrigt att önska, något som vi elever givetvis utnyttjade. En bestående känsla är att lärare med dålig disciplinär förmåga nedvärderades av oss elever och att många av oss mer eller mindre såg ned på dessa lärare. En lärare, sedermera rektor, var mycket mån om skolans rykte och hon ville gärna att både skolan och dess elever skulle vara lite förmer. Det är ingen överdrift att säga att personligheten var lite ovanlig och hennes framtoning var påfallande manhaftig, vilket kan förklara att hon levde som ogift. På pluskontot måste man sätta att hon hade ordentlig disciplin under sina lektioner, något som medförde att hon kunde tillåta debatter i skolämnet "Kristendom" (sic) utan att det hela urartade i allmänt kaos. På minuskontot noterades att vederbörande av och till kunde vara handgriplig i sina bestraffningar av elever som hon ansåg förtjäna upptuktelse. Framför allt var det en del av flickorna i klassen som råkade illa ut. Till skillnad mot idag när lågaffektivt bemötande diskuteras, kunde beteckningen högaggressivt bemötande här ha varit både korrekt och tillämplig. Sannolikt överskred vissa bestraffningar gränsen för misshandel, även med den tidens mått mätt.

Jag var knappast någon favorit bland lärarna, särskilt inte i 10–12 års åldern. Jag hade svårt att sitta stilla och att koncentrera mig under lektionerna, tänkte gärna på något annat och pratade en hel del med klasskamraterna, även de som inte satt i min omedelbara närhet.

Min, än idag, dåliga handstil var en källa till misshag bland lärare och så även för mig själv, då jag inte så sällan råkade ut för privata straffläxor i avsikt att försköna min handstil. Träning i välskrivning, vilket var ett betygsatt ämne upp till — om jag inte missminner mig — 4:e klass, gjordes på förlinjerade pappersark, där versaler skulle nå något högre, upp till en övre, heldragen linje och gemenerna till en något lägre streckad linje. Samtidigt fanns tunna streck som lutade lite lätt upp till höger, så att man skulle få den rätta lutningen på handstilen. Detta gjordes med riktiga bläckpennor där man fyllde pennan med bläck, oftast av märket Pelikan. Teorin runt den eleganta handstilen var lättförståelig, men den enahanda praktiken, med rad för rad av varje bokstav var minst sagt tjatig, för en ung yngling med önskemål om både variationer och spänning i tillvaron.

Från och med 8:e klass hade vi lektioner i kemi, ett fascinerande ämne. Antagligen var det lagom dramatiskt med natrium som åkte runt och fräste i en vattenskål. Läraren uppskattade mitt intresse och erkände att jag kunde räkna en del kemi bättre än vad han själv gjorde, dock med muttrande tillägg om att jag var stökig. Intresset för kemi begränsade sig inte till skolan. På den tiden gick det att köpa kemikalier på apotek, så jag hade en försvarlig arsenal med bland annat koncentrerade syror och baser. Vid ett tillfälle lyckades jag, ur saltsyra, frigöra klor, vilket resulterade i blekning av en del av möblemanget i köket där jag höll hus med mina experiment.

Fantasi och initiativförmåga saknades sålunda inte. Eftersom jag var relativt lång, så trodde många att jag var lite äldre än min egentliga ålder. Smällare var givetvis högt eftertraktade bland grabbar i 11–13 års åldern. I en närbelägen järnhandel som sålde smällare över disk bad jag att få köpa ett paket smällare, men nekades, då jag, helt korrekt, inte antogs ha fyllt 15 år vilket var minimiålder för inköp. Men skam den som ger sig. Jag gick till en närbelägen telefonhytt, lade i två stycken 10-öringar i telefonautomaten och ringde järnhandeln vars telefonnummer fanns i den telefonkatalog som hängde i telefonhytten. Under samtalet med någon i järnhandeln, så presenterade jag mig som granne till den yngling som just precis nekats köpa smällare och intygade, per telefon, att vederbörande yngling fyllt 15 år, och påpekade vänligt at det var förståeligt att jag nekats, då gossen ifråga kanske såg lite ung ut för åldern. Därefter gick jag tillbaks till järnhandeln och bad att få köpa ett paket smällare av märket "Kinapuffar" (10 stycken för 1 krona och 50 öre). Om personalen tyckte att hela grejen var så rolig att man hade överseende med min ålder eller om man trodde på samtalet är oklart, men jag fick köpa ett paket smällare.

När kontakt med järnhandeln nu var etablerad, så jag insåg att här fanns en affärsmöjlighet. Genom att köpa och sälja smällare med viss provision, så kunde jag snabbt finansiera mitt eget smällande. Langning kallas det visst.

Smällarna hade stubintråd och tanken var att man skulle tända och gå därifrån, men det var ju roligare att tända stubinen och kasta smällaren. Det kunde dock ha gått illa.

En gång, vid Mosebacke, omedelbart där gångbron ut mot Katarina-hissen börjar, så fanns på vänster sida ett klassiskt arbetarfik. En försommardag satt några kommunalarbetare och intog sitt välförtjänta förmiddagskaffe. Fönstret till kaféet var öppet och det kändes som om smällarna i fickan behövde luftas. Jag kastade en tänd smällare in genom fönstret och den landade på deras fikabord. Inne i kaféet blev det en rejäl smäll. Ut kom ett antal arga män som definitivt hade ambitionen att handgripligen lära mig veta hut. Jisses, vad jag sprang! Till slut gav de dock upp. Min hjärtklappning var inte enbart orsakad av den rejäla språngmarschen.

På helgerna jobbade jag en del som springschas i närbelägen butik, plockade och staplade varor och liknande. Det gav lite fickpengar som gjorde att jag själv, till stor del, kunde betala resor och andra kostnader som var förenade med den scoutverksamhet jag ägnade mig åt under flera år.

Den så kallade förstaklasshajken (för att bli scout av första klass) innebar att tre grabbar i tolvårsåldern blev avsläppta på någon skogsväg en lördag eftermiddag för att därifrån orientera oss till scoutstugan 1 ½ mil bort. Vi skulle själva ordna något vindskydd eller liknande och laga den tämligen sparsamma mängd mat vi hade tillstånd att medföra. Det var mycket gående och ryggsäckarna kändes inte lättare med tiden, så det var minst sagt skönt att komma fram till stugan som var något mer ombonad. Hur som helst, det var en positiv livserfarenhet.

*

Jag har inte tagit studenten. Studentexamen, där externa censorer hjälpte de ordinarie lärarna i deras bedömningar, vilka låg till grund för betygsättning av dåtidens gymnasister, genom att som opartiska experter värdera kunskapsnivån, avskaffades 1968.

Efter grundskolan fortsatte gymnasiestudier vid Högre Allmänna Läroverket för Gossar å Södermalm som den högtidliga titeln lät. Skolan var blandad pojkar och flickor. "Södra Latin" var en ärevördig skola och jag vill påstå att undervisningen höll hög klass. Filmen "Hets" lär vara inspelad där. Lärarna var välutbildade och titulerades "magister" respektive "fröken". En av lärarna niade oss elever, övriga sade du. Två av lärarna var disputerade och en av dessa var docent, det var fysikläraren. Lärarna var obestridda auktoriteter och undervisningen var präglad av katederlektioner. Läroböckerna var avgiftsfria och utgjorde varje elevs personliga egendom. Gymnasiet var treårigt, medan den så kallade fackskolan var tvåårig. Den ersattes sedan av gymnasiets tvååriga linjer som nu är borta. Någon fysisk gränsdragning mellan gymnasiet och fackskolan fanns inte, men uppdelningen märktes ändå.

Gymnasietiden gör sig, liksom många andra perioder i livet, ibland bäst på avstånd. Även om mycket positivt kan sägas om våra gymnasielärare, så skall inte allt sopas under mattan. En lärare, för övrigt vår klassföreståndare, var ofta uppenbart alkoholpåverkad, och inte sällan lynnig, under lektionerna. Vid ett tillfälle, en varm försommardag, kommenderades klassen upp på skolans tämligen platta tak. Vår klassföreståndare hade ambitionen att däruppe, för oss elever, deklamera dikter. Nu gick inte detta så bra, då berusningen lade tydliga hinder i vägen för framförandet. Det hela slutade med att en kamrat och jag fick hjälpa magistern nedför en tämligen brant trappa, eftersom det var uppenbart att han sannolikt hade ramlat huvudstupa ned om vi inte stöttat vår lärare genom ett rejält tag i vardera överarmen och armhålan.

Rent generellt får jag annars säga att stämningen lärare – elev i allmänhet var god, med ömsesidig respekt och hövlighet. Undantag förekom tyvärr. En lärare i tyska ogillade uppenbart en elev som kanske gav ett lite udda intryck. Vid ett tillfälle nämndes ordet "hinter" (bakom), med tillägg riktat till ifrågavarande elev "om jag nu säger att du verkar "hinter", så förstår du vad jag menar. Vad läraren inte visste och som jag hoppas att han senare fick reda på, var att denne elev under gymnasietiden hade erhållit dispens för att läsa matematik och fysik på universitetet. Vid ett tillfälle fick samme elev hålla lektion för oss övriga och förklara delar av Einsteins teorier, dock inte på tyska. Samme tysklärare brukade inleda sina lektioner genom att hälsa oss elever med "Silencium, boskap". Vid ett annat tillfälle berättade han att en man kunde inleda ett brev till en annan man med "Lieber NN", utan att det kunde ses som vare sig fult eller onormalt.

Varför noterar jag detta? Syftet är att påvisa hur regler, sedvänjor, uttryck och attityder förändras med tiden.

Givetvis diskuterade vi av och till vad vi skulle göra efter gymnasiet. De flesta av oss var inriktade på att läsa vidare och utbildning till civilekonom, civilingenjör, jurist eller läkare hägrade för ett antal. Den militära banan var aktuell för några, dock relativt få. En annan karriärväg som några, relativt få, diskuterade var att gå med i Partiet, det vill säga, det socialdemokratiska partiet. Detta sågs som något av en räddningsplanka som stod till buds i händelse av problem med de konventionella postgymnasiala utbildningarna. Jag har inget som helst minne av att de som övervägde denna bana hade den ideologiska övertygelsen, snarare tvärtom. Möjligheten sågs som en bekväm och pålitlig födkrok som, åtminstone i något fall, nyttjades tämligen framgångsrikt.

*

Jag har alltid varit road av skytte och vapen intresserar mig i allmänhet. Det påstods att Södra Latin hade en skytteförening då jag började där, men det visade sig vara felaktigt. Däremot fick jag lite tips om hur man kunde engagera sig i Stockholms stads frivilliga skarpskytteförening, en ganska stor klubb som var organiserad i underavdelningar, kallade kompanier. Av lite oklar anledning blev jag som 16-åring medlem i vad som kallades det 9:e kompaniet, till vardags "Skarp 9". Det tog inte många besök på skjutbanan innan jag vid 16 års ålder fick låna hem en 6,5 mm Mauser, ett klassiskt armégevär. Några månader senare fick jag, som 16-åring, licens på ett eget Mausergevär, tillverkat 1900 i Oberndorf, Tyskland. Utan att skryta, så vill jag påstå att jag var duktig på att skjuta och jag vann ett antal tävlingar, både större och mindre, dock enbart nationella.

Skjutbanorna låg på Stora Skuggan, Norra Djurgården, Stockholm. De öppnades 1906 och lades ned 1978 efter protester från de boende i det på 70-talet nybyggda området Frescati, där de nyinflyttade ansåg sig störda av att man under helgerna anordnade skjutningar. Därför hölls picknic på skjutbanorna, vilket omöjliggjorde aktivitet. En mer väsentlig anledning än det buller som förekom av och till var nog den antimilitära anda som genomsyrade perioden och att skytte, inte helt onaturligt, kopplades till det militära försvaret.

Fältskjutningar var roliga. Man sköt mot figurer på okänt avstånd och under relativt kort tid, normalt sex skott på 50 sekunder. Avstånds-bedömning och eventuell kompensation för vindavdrift fick var och en själv uppskatta. Samtidigt eldöppnande och avslutande hade, ganska naturligt, militär bakgrund.

För att komma ut till Stora skuggans skjutbanor, så åkte jag normalt buss till Hjorthagen och gick ett par kilometer. Det var inga problem att åka buss, eller annat kommunalt allmänt färdmedel, med ett gevär på axeln. Tunnelbana användes oftast när man sammanstrålade och åkte kollektivt, alternativt fick lift, till annan skjutbana för tävling eller då fältskjutning gällde.

*

Under gymnasietiden och därefter arbetade jag en hel del på sjukhus som extraanställd sjukvårdsbiträde, en position långt ner i hierarkin. I början arbetade jag på vanliga vårdavdelningar och det var tydligt att man befann sig långt ned i det sociala nätverket. Extra tydligt kunde detta bli om man begick misstaget att för ordinarie personal, särskilt äldre tanter, berätta att man gärna ville läsa vidare och bli läkare. Det resulterade ibland, men inte alltid, i att klassperspektivet aktiverades. Klass och hierarki var ofta tydligt, men det fanns lysande undantag. Fikastunderna på avdelningarna var ofta heliga. Jag kommer inte exakt ihåg hur det gick till när jag intet ont anande satte mig vid läkarnas kaffebord. Jag blev vänligt tilltalad av en tvättäkta medicinprofessor med leukemi som specialitet, han frågade efter mitt namn och vem jag var, för att därefter presentera mig för övriga doktorer. Alla var väl inte imponerade av en extraknäckande yngling, men det värmde mig, samtidigt som jag inte kunde låta bli att notera att det snörptes, mer än vanligt, på munnen vid övriga bord.

Min håg stod dock till den mer spännande vården, det vill säga operation och intensivvård. Så småningom fick jag komma till intensivvårdsavdelningarna som extravakt, främst på den kirurgiska intensivbehandlingsavdelningen (KIBA) på Södersjukhuset (SÖS), men ibland även på Karolinska sjukhuset (KS), och där framför allt inom neurointensivvård (NIVA). Detta innebar att man satt hos enskilda, ibland flera, patienter och kontrollerade blodtryck, puls, andning och hanterade, om än i begränsad omfattning, luftvägar och även respirator. Den gamla pålitliga, synnerligen mekaniska, Engströmrespiratorn hade ett vattenlås som kunde kopplas ur om trycket i luftvägarna steg, något som gick under beteckningen att "patienten andas emot". Så småningom förstod jag att detta var en eufism för dålig respiratorvård.

Jag kommer mycket väl ihåg ett äventyr på KS. En kvinna som haft en stor hjärnblödning och var hjärndöd vårdades i respirator enligt den tidens lagar och praxis. Kontrollerna var minimala då hon förväntades avlida inom någon dag. Blodtryck, puls och respiratorinställningar noterades en gång i timmen, så cirka 59 minuter per timme gick att ägna åt medhavd bok, där jag en låååång, mörk kväll satt som extravakt i en relativt bekväm fåtölj i ett tämligen nedsläckt rum. Av och till slängde jag en blick på kvinnan som allmän kontroll. Döm om min förskräckelse när jag ser henne blåsvart i ansiktet och att slangen till respiratorn hade lossnat. Upp som ett skott och anslöt respiratorslangen samt vred på 100% syrgas. Pulsen som nära nog upphört, återkom, om än sakta. Hennes ansiktsfärg normaliserades—antagligen i motsats till min egen. Gissar att jag var ganska så blek om nosen. Efter detta blev övervakningen betydligt mer noggrann.

För att vara helt ärlig; situationen var uppredd, så jag bestämde mig för att hålla tyst. Sensmoral: Inte helt ärligt av mig att inte berätta för sjuksköterska om incident. Hade patienten dött, så hade ett förväntat dödsfall inträffat något dygn tidigare än beräknat, men det hade definitivt inte känts bra i mitt samvete!

MEDICINSTUDIER I UPPSALA

Januari 1972 drabbade jag lärdomsstaden, bärandes en resväska i vardera handen. Studentrum i korridor var det inga problem att hitta och hyran var ganska modest, 270:-/månad under september till och med maj. Somrarna var hyresfria eftersom man under sommarlovet förväntades befinna sig på annan ort. Det gick snabbt att hitta nya vänner bland kurskamraterna och någon kväll under den tidiga studietiden var vi några stycken som mer eller mindre slumpmässigt sammanstrålat på Fyris Torg. Efter en kort överläggning funderade vi på möjligheten att testa den i Sverige nyligen introducerade maträtten pizza. Ingen av oss visste om det fanns någon pizzeria i Uppsala, så vi frågade en ung dam av uppsaliensiskt ursprung var man kunde hitta en dylik. Efter ett kort funderande sken hon upp och hänvisade oss till den offentliga herrtoalett som på den tiden fanns i det omedelbara grannskapet.

Även om jag innerligt hade längtat efter att läsa medicin, så var de första terminerna inte särskilt roliga, detta i motsats till student- och nationslivet som upptog en tämligen betydande del av tid, intresse, engagemang och budget.

*

En särskild tilldragelse var Valborgsfirandet och den traditionsenliga lunchen första maj på dåvarande klassiska restaurangen Flustret som, särskilt denna dag, bar en studentikos prägel. Tillsammans med gode vännen A.H. såg jag för första gången det livliga firandet inne på restaurangen, där porslinskrossning accepterades och strax utanför, där frackklädda studenter stod på det räcke som omgav Svandammen och duellerade i snapsdrickande. Att balansera på räcket i nyktert tillstånd måste ha varit en bedrift och kan nog delvis, om än enbart delvis, förklara den tämligen höga omsättningshastigheten på duellanter. Vi insåg snabbt att detta var något som vi skulle ägna oss åt ett år senare.

Årsdagen inträffade och vi var ett gäng glada gossar som infann oss på Flustret i avsikt att uppehålla lunchtraditioner. Det är bara att erkänna att ett visst mått av porslinskrossning förekom och att stämningen vid bordet var tämligen uppsluppen, något som inte en ilsken hovmästare lyckades dämpa ens då han förklarade att om man skulle ägna sig åt denna sysselsättning, så skulle man dessförinnan ha beställt kantstött porslin som ändå skulle kasseras. I korthet kan sägas att atmosfären vid bordet var lika god som relationen med hovmästaren var frostig. Då glassen serverades toppade en av kamraterna stämningen genom att skjuta i väg en glasskula med sin sked. Resultatet var väl inte helt lyckat, då skeden försvann någonstans i samma riktning som den glasskula vilken landade i urringningen på en av de unga damerna vid ett intilliggande bord. Hon fann sig snabbt och kom med sin glassportion i högsta hugg fram till vårt bord, där en samling unga män, med oskyldig min, satt och åt glass. En av oss åt dock sin glass med gaffel i stället för sked, vilket uppmärksammades och han fick frågan om han tyckte om glass. Då han glatt bejakade, fick han hennes glassportion väl insmord i ansiktet. Vi tyckte samfällt att hon hanterat situationen väl och alla! (n.b.) vid vårt bord applåderade hennes resoluta agerande. Måltiden avslutades och hovmästaren förklarade i mycket tydliga ordalag att vi inte var välkomna åter.

*

Åter till studierna; Histologi (mikroskopisk anatomi; termin 1) och vanlig anatomi (termin 1 och 2) var inte särskilt fascinerande. Det var mer fråga om korvstoppning. Tämligen tidigt under termin 1, så fick man ut en så kallad "Benlåda", innehållande ett nära nog komplett skelett. Att plugga in och memorera alla dessa små skrovligheter, gropar, hål och utbuktningar som finns i ett skelett är till lika delar tidsödande och, kan man kanske påstå, även "dötrist". Dissektioner förekom en del, men det var brist på lik för undervisning, så i början fick vi dissekera apor i stället. Den praktiska dissektionsundervisningen behövs för att man skall få en tredimensionell bild av anatomin som inte går att få via bilder. Numera kan säkert datoranimationer bidra till förbättrad undervisning, men på den tiden gällde text, bilder, planscher och dissektion.

Tredje terminen ägnades i princip åt medicinsk kemi. Även om jag tidigare varit mycket intresserad av kemi, så var den medicinska kemin långt ifrån något favoritämne. Vid ett tillfälle var jag underkänd på ett förhör, en så kallad dugga. Nästa tillfälle gavs följande lördag, ett i mitt tycke uruselt datum eftersom nationslivet hägrade på fredagarna. Den lördag då jag borde ha gått på omdugga, men föredrog sovmorgon, så började så småningom samvetet vakna och jag funderade över nästa provtillfälle. Efter att ha blivit varse att ett tredje tillfälle för dugga enbart erbjöds i samband med sluttentamen, men att kraven för godkänt då var klart högre än ordinärt och att om man inte klarade den tredje duggan, så fick man heller inte tentera och därmed heller inte godkänd kurs för att kunna påbörja nästa termin, vilket i sin tur innebar att man inte fick studielån. Efter att ha läst detta, så behövdes ingen extern kalldusch.

Före omduggan samlades ett antal försumliga och tämligen nervösa individer i skrivningslokalen. I avsikt att aktivera associationsbanorna och underlätta minnesfunktionerna, så bjöd en kurskamrat på ett glas rödvin. Hur som helst, post eller propter (fritt: trots eller tack vare), så klarade jag den nya, högre gränsen och tenterade med godkänt resultat.

Fysiologiterminen, den fjärde terminen, var betydligt roligare, vilket avspeglade sig både i ambition och motivation. Fysiologi kan enklast beskrivas som läran om de normala förhållandena i kroppens olika funktioner, det vill säga blodomlopp, andning, enzymatiska och hormonella funktioner med mera. Föreläsningarna var överlag intressanta och laborationerna var för det mesta lärorika även om man så här i efterhand kan sätta frågetecken för någon laboration på djur där man, på sövd hund, skulle träna hjärtmassage och mäta artäriellt blodtryck under pågående hjärtkompressioner. Några protesterade och ville inte delta på grund av etiska skäl, vilket beviljades. I och med detta förstärks frågetecknen runt denna laboration ytterligare, då den antingen borde setts som så viktig att närvaro var obligatorisk och om så inte var fallet kunde den ha strukits. Med största sannolikhet har dessa försök försvunnit från utbildningen sedan många år, vilket antagligen är lika så gott.

I ärlighetens namn erkännes att dessa fyra terminer av och till kändes något perifera, men de utgjorde å andra sidan den kunskapsbas som behövs för att på ett djupare sätt, tillgodogöra sig innehållet i de mer kliniskt inriktade kurserna. I och med att dessa kurser var avklarade och godkända, så hade man avlagt medicine kandidatexamen, vilket noterades då namnen på samtliga godkända publicerades i en notis i Upsala Nya Tidning.

Under de två första åren var vi knappa hundra medicine studeranden. Avgångar från utbildningen var mycket sparsamma, men förekom någon enstaka gång, antingen beroende på att någon haft svårt att tillgodogöra sig utbildningen och i ett fall beroende på polishämtning, då vederbörande kommit in på utbildningen via avancerad förfalskning av betyg.

*

Utbildningen blev så småningom mer inriktad på det kommande yrket och nu var det dags för de propedeutiska ämnena farmakologi, mikrobiologi och patologi.

Dessa båda terminer innebar fortfarande studier av övervägande teoretisk natur med katedrala föreläsningar och en hel del hängande med näsan över läroböckerna i respektive ämne liksom pluggande av de egna föreläsningsanteckningarna. Innebörden i ordet "propedeutik", det vill säga "förberedande" var relevant och kunskaperna var grundläggande för förståelse av kommande kurser och därmed yrket. Sammanfattningsvis kan sägas att kurserna fram till medicine kandidat liksom under det propedeutiska året var grunden för den kliniska utbildningen. En klok föreläsare yttrade någon gång under den tidiga utbildningens tragglande: "Det är NU som ni själva bestämmer hur framgångsrika ni skall bli i ert kommande yrke." Jag vill påstå att föreläsaren hade rätt.

Kursen i farmakologi var både rolig och intressant. Vid ett tillfälle var jag försöksperson i en laboration där effekten av ett muskelavslappande medel (celocurin) skulle demonstreras. Intravenöst injicerat celocurin slår ut tvärstrimmig muskulatur ("vanliga" muskler, dock inte exempelvis hjärtmuskeln), det vill säga man blir under en kort stund totalt förlamad. Någon påverkan på hörsel, känsel eller medvetande förekommer inte. Innan laborationen fick man lämna ett blodprov för att påvisa förekomsten av ett enzym med förmåga att bryta ned celocurin. Några år tidigare hade man inte haft detta som rutin, och en kandidat som sedermera visade sig inte kunna bryta ned celocurin hade varit försöksperson. Detta resulterade i några dygns respiratorbehandling på Akademiska sjukhusets intensivvårdsavdelning fram till dess att läkemedlet kissats ut och normal muskelkraft återkom.

Innan laborationen startade var stämningen lite skärrad, men kursamanuensen lugnade oss med att en narkosläkare skulle närvara och ingripa om så krävdes. Vederbörande narkosläkare träffade jag sedermera många gånger och han var ytterst kompetent, men just i det ögonblick då man gärna ville se en engagerad och alert "räddare", så satt vederbörande och tittade ut genom fönstret, fullt upptagen med att dra sig i mustaschen. Viss likhet med Groucho Marx noterades utan svårighet, vilket inte gjorde saken bättre.

Laborationen började och jag fick celocurin intravenöst. Detta medel verkar genom att orsaka en (depolariserande) muskelsammandragning som följs av en muskelavslappning. Det kändes ordentligt då musklerna drog ihop sig, särskilt i rygg och svalg, och tämligen samtidigt så ramlade ögonlocken ned i ett halvslutet läge, vilket resulterade i att jag kunde se kamraterna från knähöjd och neråt. Förlamningen spred sig och jag hörde någon mässa att "nu ser ni hur thorakalandningen (andning via bröstkorg) försvinner" och därefter "nu ser ni hur bukandningen försvinner". Efter en stunds andningsuppehåll återkom respiration och muskelkraft, dock i omvänd ordning jämfört med hur den försvann. Några minuter senare var jag återställd även om muskelsammandragningarna orsakade en rejäl träningsvärk under de närmaste dagarna.

En lärdom jag tog med mig av detta var just att "nedfallande" övre ögonlock är ett tidigt tecken på att muskelavslappning är på gång. I vissa fall vill man av olika anledningar i klinisk anestesiologisk verksamhet undvika att använda celocurin, varför man föredrar så kallad icke-depolariserande muskelrelaxans, men önskar ändå en snabbt insättande effekt. Hastigt insättande muskelrelaxationen är önskvärd då man, vid sövning, misstänker risk för kräkning och nedandning av maginnehåll i luftvägarna. Muskelavslappning underlättar intubation (att sätta ned en tub i luftstrupen) vilket görs för att säkerställa kontrollerad ventilation.

Celocurin är ett klassiskt exempel på snabbverkande muskelrelaxans, men har, som sagt, vissa begränsningar. Vid ett flertal tillfällen har jag ordinerat icke-depolariserande muskelavslappande till en vaken patient med tydlig kommunikation att säga till då övre ögonlocken "ramlar ned" — för då söver vi. Detta fungerar alldeles utmärkt och kan vara ett tips till anestesiologiskt intresserade. Det gäller bara att se till att man har välfungerande intravenös infart (gärna två för säkerhets skull) för att snabbt kunna söva och därefter intubera.

En annan viktig lärdom från kursen i farmakologi var hur man skriver recept. Recept fanns enbart i pappersformat och blanketterna såg helt annorlunda ut jämfört med idag. Personlig förskrivarkod liksom arbetsplatskod var okända begrepp. Legitimation behövdes inte för att hämta ut recept, förfarandet med recept var betydligt mer obyråkratiskt och det gick även att, utan problem, ringa in ett recept. Allteftersom tiderna förändrats har rutinerna för hantering av recept påtagligt förändrats och införandet av nya receptblanketter har gjorts i omgångar för att minska risken för förfalskning.

I receptskrivandets ädla konst, ingick även att kunna skriva "ex tempore" beredningar, det vill säga egenhändigt komponerade recept. De var inte särskilt vanligt förekommande, men apotekarna var väl förtrogna med förfarandet och kunde blanda diverse mer eller mindre ovanliga kombinationer. Viss tveksamhet mot dessa beredningar torde vara befogad, då den för "vanliga" läkemedel obligatoriska jämförelsen med bästa tillgängliga standardterapi hade förbigåtts.

Vid något enstaka tillfälle, långt senare i livet, skrev jag på begäran från en god vän och jaktkamrat ut en sådan blandning som han tidigare fått mot sur mage och gärna ville pröva återigen. Då han lämnade in receptet på ett apotek beläget i en mindre ort i Jämtland, hade apotekaren skinit upp och glatt utbrustit: "Ja! Rapp-Antes magmixtur". Om kuren hjälpte, så får det nog tillskrivas den berömda placebo-effekten. Inte sällan fanns i ex tempore beredningar ett klart inslag av olika kryddor och den färdiga produkten visade sig ibland vara väl lämpad för olika typer av smaksättning; viss ökning av dessa recept kunde noteras inför jul.

Vad som sannolikt är ovanligt idag är att vi även lärde oss att skriva 70% respektive 95% alkohol på recept och regelverket runt detta. En stark rekommendation var att inte rabattera alkoholen som läkemedel utan bara skriva receptet "rakt upp och ned". Anledningen till detta var att vi tipsades om att apotekspersonalen givetvis förstod syftet med receptet och att det väckte illvilja, då de som skattebetalare skulle få vara med om att betala rabatten. Mig veterligt respekterades detta, liksom att inte komma med olika skämtsamma ordinationer som att exempelvis travestera på "in manu medici [i läkarens hand; vedertagen ordination, (jämförbar med "pro auctore" för eget bruk)] genom att skriva "in stoma medici". Förutom att detta är en lingvistisk bastard, så är det inte någon lämplig ordination. Att lista ut betydelsen är inte så svår om man betänker att stoma betyder "mun".

Förutom farmakologi läste vi under propedeutiska året även mikrobiologi, det vill säga läran om bakterier, virus, svampar och andra mikroorganismer. Här var det föreläsningar blandat med laborationer. För att vara ärlig, så gjorde kursen inget djupare intryck.

Patologi, läran om sjukdomar, blev däremot i mångt och mycket en framgång. Patologi var ett av de största ämnena under utbildningen. I korthet kan sägas att vi under patologikursen fick lära oss om ett stort antal sjukdomar utifrån deras inflammatoriska mekanismer, ursprung, prognos, konsekvenser och hur de påverkar kroppen. Viss under-visning gavs även inom den mikroskopiska diagnostiken av, framför allt, tumörsjukdomar, men vi fick också en ökad förståelse av inflam-matoriska processer genom visualiseringen av förloppen. Ämnet är stort, så denna översikt blir av naturliga skäl mycket ytlig. Under de kommande, mer kliniskt inriktade, studierna lärde man sig om diagnostik och behandling.

Undervisningen i patologi förmedlades, som vanligt, mest genom katedrala föreläsningar, men delvis även obduktioner som man under handledning fick lära sig att utföra någorlunda hyggligt. Eftersom patologi handlar om sjukdomslära och det finns ett fokus på allvarliga, ofta dödliga, sjukdomar kunde kursens innehåll av och till upplevas som lite obehagligt. Debut av plötslig och oväntad svår sjukdom förekommer i sinnevärlden och kan radikalt förändra tillvaron för såväl den drabbade som för vederbörandes anhöriga. Det var nog inte så få av kursdeltagarna som började känna efter om någon knöl uppstått någonstans, om ett födelsemärke ändrat färg eller om en plötslig huvudvärk förebådade en kommande katastrof innanför kraniet.

Mot slutet av 5:e terminen utannonserades amanuenstjänster vid Patologiska Institutionen, jag sökte och blev antagen. Arbetet bestod i att göra fem obduktioner per månad som 3:e amanuens. Antingen gjordes obduktionerna som vanliga rutinobduktioner eller så ingick undervisning i obduktionsteknik, vilket stundom innebar den paradoxala situationen att amanuensen undervisade sina kurskamrater. Arbetet som amanuens innebar dessutom att man av och till skulle hålla duggor, det vill säga muntliga förhör, med de som gick patologikursen. Duggor höll man enbart med de som läst patologi under kortare tid än man själv och aldrig med kurskamrater. Att själv repetera för att förhöra andra var dock en utmärkt inspirationskälla för att repetera och lära sig på nytt.

Jag var nog inte den snällaste amanuensen. Tyckte jag att någon hade för dåliga kunskaper, så blev det underkänt och välkommen åter. Filosofin bakom detta var helt enkelt att det låg i de kommande patienternas intresse att en godtagbar kunskapsnivå uppehölls. Vid ett tillfälle var det en av kandidaterna i den grupp som jag skulle förhöra, som berättade att han under en period hade läst medicin i England. Temat för förhöret var olika typer av inflammation och inflammatoriska mekanismer. Kandidaten ifråga berättade att de engelska kirurger han haft som lärare berättat att en temperaturdifferens på mer än en grad oralt jämfört rektalt var bevisande för blindtarmsinflammation då den inflammatoriska processen befann sig i bukens nedre del. Jag kunde bara ärligt svara att detta var inget jag kände till och heller aldrig hört talas om, men tyckte att det föreföll märkligt, då inflammatoriska mekanismer vid blindtarmsinflammation i allmänhet påverkar kroppen i sin helhet. Det var omöjligt att inte notera ett utslag av misstänksamhet från de övriga medlemmarna i gruppen eftersom jag inte kände till ett symptom, vilket "enligt de engelska kirurgerna" var bevisande för blindtarmsinflammation. Senare fick jag veta att den kandidat som påstod sig ha studerat i England var en fullfjädrad mytoman som på oklart sätt hade lyckats få förflyttning till Uppsala från en annan studieort, något som sannolikt gjorde att misstänksamhet gentemot den nye kursdeltagaren ännu inte hade väckts. Hur det senare gick för vederbörande kandidat vet jag inte, men det är inte omöjligt att lämpligheten till slut ifrågasattes.

Amanuenstjänsten renderade en månadslön på 825:-, vilket räckte till hyra och normalt studentliv. Dessutom gavs en del tillfällen till extra-knäck i och med att det i en del utbildningar, bland annat för sjuk-sköterskeelever, ingick att se en hur en obduktion går till. Då debiterade man extra och det fanns en taxa som angav föreläsningsarvode för odisputerad universitetslektor, vilket var helt accepterat att skriva i räkningen, så dessa obduktionsdemonstrationer var populära bland oss amanuenser.

Under denna period blev jag så smått engagerad i forskning och tillbringade en del av fritiden på ett laboratorium. En sak som jag tog med mig från dessa trevande försök till forskning, var att så småningom, som mer senior, ha den största förståelse för hur någon kan presentera ett lätt virrigt papper och samtidigt känna sig som blivande nobel-pristagare. Jag var själv ett gott exempel på detta.

Kamratskapet mellan oss amanuenser var gott och eftersom det var förbjudet i de flesta av de efterföljande kurser att förvärvsarbeta, så hjälpte vi varandra då det blev närvarokontroll på någon kurs. Vi visste att om jag hjälper dig idag, så hjälper du mig en annan gång. Jag behöll amanuenstjänsten under resten av studietiden, vilket hade många fördelar förutom de ekonomiska. En av de stora fördelarna med att vara amanuens var att man lärde känna många kliniskt verksamma läkare och blivande kollegor. Det var mer eller mindre praxis att då en patient avlidit på sjukhuset, så kom behandlande läkare för att se vilka fynd som gjorts och diskutera obduktionsresultatet, därför förväntades man vara klar med obduktionen till 10-tiden på förmiddagen och att vara beredd på de frågor som kunde tänkas komma. På så sätt blev man delaktig i kvalificerade diskussioner om vad som gjorts och vad man kunde lära inför framtiden, samtidigt som man blev ett någorlunda känt ansikte bland klinikerna. Viss försiktighet krävdes ibland, så att de som eventuellt kunde tänkas göra en närvarokontroll inte själva skulle komma och beskåda obduktionsfynden, men det var sällan några problem.

Läkarstaben på Akademiska sjukhuset var betydligt mycket mindre än vad den är idag. Jag har inga exakta siffror, men i princip kan man säga att "alla kände alla". Det säger sig självt att arbete med patienter var den centrala uppgiften, på bekostnad av det administrativa arbetet som intog en blygsam roll. Arbetet med omvårdnadsteorier var ännu inte uppfunnet, så sjukvård var den centrala uppgiften på sjukhuset. En av anledningarna till att det fanns relativt mycket luft i systemet med utrymme för förkovran var de enkla administrativa rutinerna där läkarsekreterarna spelade en mycket värdefull roll genom att snabbare och betydligt bättre än läkarna sköta olika skrivuppdrag. Verksamheten är nu till stor del rationaliserad och datoriserad så två dataskärmar och några olika inloggningar är standard för varje läkare för att kunna planera den dagliga verksamheten.

Åter till obduktionsverksamheten på patologen. Det förtjänar att påpekas att arbetet sköttes så snyggt och prydligt som det låter sig göras. En särskild hedersman och ideellt lagd person var bårhusföreståndaren, Agne Lag. Han undervisade gärna om döden och omhändertagandet efter döden. Jag tror vi alla som arbetade där hade den djupaste respekt för honom. En anekdot han berättade var när en person, anställd som elektriker på sjukhuset, skjutsade en av Agnes söner hem efter något idrottsevenemang. Som tack för skjutsen erbjöds någon förtäring och efter en stund började gästen berätta om hur det går till på obduktion, hur organ kastas runt omkring i rummet, blod skvätter och allt vad det nu var som påstods ske. Efter att artigt ha lyssnat en stund kommenterade värden att under alla hans år som obduktionstekniker och bårhusföreståndare var detta ingenting han kände igen, men tackade för informationen. Därefter ursäktade sig gästen och insåg att han tyvärr var tvungen att momentant avlägsna sig då klockan blivit alltför mycket.

Ett av uppdragen för obduktionstekniker vid den här tiden var att samla in hypofyser ("undre hjärnbihanget") från lik för att läkemedelsföretag skulle kunna framställa tillväxthormon från hypofyserna. Tillväxthormon används för att substituera otillräcklig insöndring av detta hormon hos barn och vuxna. Givetvis var det viktigt att undvika fall där det fanns någon som helst misstanke om risk för smittspridning. Idag framställs tillväxthormon med rekombinant DNA-teknik.

KLINISK UNDERVISNING PÅ
1970-TALET

Parallellt med tjänsten som amanuens, gick studierna mer eller mindre som beräknat. Medicinterminen, den 7:e, gav det första tillfället att börja nosa på det kommande yrket. Den vita rocken var en trogen följeslagare liksom stetoskopet som stack upp lagom diskret, men ändå fullt synligt, ur en sidoficka. Eftersom jag var verksam som amanuens och hade lön därifrån, så skulle jag deklarera mina inkomster. Härigenom kunde jag även dra av utgiften för inköp av stetoskop från min självdeklaration, officiellt i syfte att konstatera dödsfallet genom utebliven hjärtverksamhet. Att samtliga som remitterades till patologen för obduktion redan var bekräftat avlidna är en annan historia. Stetoskopet fungerar fortfarande alldeles utmärkt.

*

Medicinterminen gav talrika tillfällen att fråga patienter om symptom och besvär, undersöka och presentera en preliminär bedömning. En "riktig" läkare kontrollerade vad man kommit fram till och vi diskuterade hur journalen skulle skrivas. Undersökning och journalskrivning fokuserade initialt på planerade sjukhusinläggningar, men spektrumet vidgades så småningom även till akutmottagningen. I början av terminen var nog vi kandidater mer tidsödande, men så småningom blev flytet bättre och flera jourhavande uttryckte sin uppskattning över den avlastning som vi faktiskt kunde erbjuda på akutmottagningen.

Medicinterminen erbjöd inte så många praktiska och handfasta sysselsättningar, men möjligheter kunde uppstå. Vid ett tillfälle skulle en patient med förmaksflimmer elkonverteras (defibrilleras), det vill säga att man ger en elektrisk stöt till en lätt sövd patient (ingreppet är relativt smärtsamt om än kortvarigt) för att slå ut hjärtats elektriska aktivitet som "spårat ur", varefter en normal hjärtrytm förhoppningsvis tar över. En hjärtläkare stod beredd, omgiven av ett antal nyfikna kandidater. Jag hade sett behandlingen utföras tidigare, då jag arbetade på Södersjukhusets medicinintensiv, så jag visste hyggligt väl hur en defibrillering skulle gå till. På den tiden var det den läkare som ansvarade för defibrillering som även gav en enkel men hyfsat kvalitativ narkos, framför allt bestående av intravenöst diazepam, möjligen med något ytterligare medel. Att diazepam ger temporär minneslucka sågs inte som någon nackdel, då sövningen var både "lätt" och kortvarig.

Glad i hågen frågade jag om det inte fanns möjlighet att få sköta defibrillatorn. Ansvarig läkare såg lite förvånad ut, medan övriga kandidater snarast såg bestörta ut. Efter en kort funderare så kom svaret; ja, varför inte? Kort tid därefter utförde jag min första defibrillering med gott resultat.

*

Efter medicinterminen följde kirurgterminen som förutom allmän kirurgi innebar placeringar inom anestesi och intensivvård, ortopedi och plastikkirurgi. Föreläsningar var här, liksom mestadels i övrigt, katedrala och varvade med praktiskt arbete, så både teoretiska och praktiska kunskaper ökade.

Som kandidat på anestesin fick man träna på intubationer. Efter några misslyckade försök med tillhörande tillrättavisningar, lyckades de flesta lära sig tekniken någorlunda. En "standardnarkos" (om uttrycket tillåts; en narkos skall liksom övriga åtgärder individualiseras så långt som möjligt) innebar induktion med pentobarbital, följt av smärtstillande fentanyl och muskelrelaxans, oftast gavs det långverkande medlet Pavulon. Anestesin underhölls vanligtvis med 30% syrgas i 70% lustgas, administrerat med viss hyperventilation och kompletterat med fentanyl och muskelrelaxans. Vid väckning gavs rutinmässigt atropin och neostigmin.

Monitoreringen var förutom alerta ögon och öron, även EKG (via oscilloskop), manuell blodtrycksmätning och kontroll av respirationen. Samtliga värden noterades manuellt i narkosjournalen (papper) och normalt skedde detta var femte minut. Oftast sövdes och väcktes patienterna av narkosläkare och narkossköterska i samarbete, medan narkossköterskan självständigt skötte den fortlöpande narkosen. Detta kunde givetvis anpassas till patientens tillstånd, så att ibland hjälptes man åt under hela operationen och ibland arbetade narkossköterskan på egen hand.

Förutom inskrivningar av patienter på avdelningar fick man börja assistera under operationer. Det var inte så märkliga insatser någon av oss gjorde, men visst kändes det häftigt att hålla hakar så att operations-området blev mer åtkomligt för kirurgen och vid högtidliga tillfällen kunde man få sätta några stygn eller göra något annat praktiskt. På mottagning kunde man få lokalbedöva, skära bort födelsemärken och sy igen. På akuten fick man ofta sy ihop diverse sårskador. En man hade ett ganska rejält jack i pannan som skulle sys ihop och jag fick förtroendet att göra det. Stygnen sattes ordentligt och sårkanterna drogs omsorgsfullt ihop för att inte någon glipa skulle uppstå. Enligt en maliciös kurskamrat, så gick den nyligen suturerade mannen därifrån med något upphöjda ögonbryn och ett lätt förvånat ansiktsuttryck.

*

Under denna tid erbjöd politiken en lockelse och jag ställde upp för Fria Studenter, vilket renderade en plats som studeranderepresentant, med möjlighet att få träffa dåvarande rektor för Uppsala universitet, Torgny Segerstedt. Det kändes som en personlig triumf då han, när vi några år senare träffades i annat sammanhang med en vänlig hälsning, klart visade att han faktiskt kände igen mig. En annan gigant var Torgny Segerstedts efterträdare på posten som rektor för Uppsala universitet, nämligen Martin H:son Holmdahl, professor i anestesi och intensivvård.

Bägge dessa personligheter var utomordentligt imponerande i sina, visserligen olika, men dock beundransvärda framtoningar.

Ett av Rector Magnificus yttre attribut är den imponerande guldkedjan. Det brukar med rätta sägas att Martin Holmdahl var den som skänkte extra glans till guldkedjan. Hur charmig och karismatisk Martin än var, så kunde han styra med järnhand. Det påstås att en av de mer seniora kollegorna på kliniken blev uppkallad och fick förklarat för sig att vederbörande narkosläkare var en mycket kompetent och duktig kliniskt verksam läkare, men då denne inte var aktiv inom forskning, så var kollegan ifråga inte längre önskvärd vid kliniken. Därför var mötet mer av informativ karaktär om att en överläkartjänst fanns inbokad på annat sjukhus och att vederbörande förväntades börja där inom en snar framtid.

I Sverige började akupunktur succesivt uppmärksammas någon gång under 1960-talet, inte minst som en del i den politiska uppmärksamheten och välviljan som visades gentemot Mao Zedong och det kinesiska kommunistpartiet. För att uttrycka sig lite banalt, så kan man säga att Folkrepubliken Kina och Kulturrevolutionen var "på modet". Martin berättade under en föreläsning om hur en sjuksköterska som arbetade på Akademiska sjukhuset, skulle opereras för struma. Då hon var mycket stark anhängare av den kinesiska kommunistiska ideologin, så ville hon bli opererad under bedövning med akupunktur. En akupunktör, med kunskap om kinesisk medicin, anlitades och operationen påbörjades efter dennes klartecken. Operationen fortskred utan annan bedövning än akupunktur, men efter ett tag hade vederbörande sjuksköterska noterat en del obehag och undrade hur lång tid det var kvar av operationen. Svaret hade blivit att halva operationen snart var klar. Efter detta besked ökade obehagen rakt, för att övergå i accentuerade, svåra smärtor och hon sövdes tämligen akut på egen begäran.

Även om slutresultatet inte blev helt lyckat då konventionell narkos fick tillgripas, så är historien fascinerande genom att visa hur mycket som kan utföras i akupunktur, kombinerad med stark motivation att se ett lyckat resultat, vilket förstärker de positiva förväntningar. Dessa kan tillskrivas den positiva effekt man kan se då övertygelse om lyckat resultat är uttalade, något som är väl känt inom mer konventionell smärtlindring och som, åtminstone delvis, kan tillskrivas den erkända placebo-effekten.

Martin var mycket berest och hade vida vyer, med stor erfarenhet av internationellt samarbete och kontakter. Vid ett tillfälle travesterade han den amerikanska marinens devis: *"Join the Navy and see the world. We joined the Navy and what did we see? We saw the sea."* Till följande:

"Join anesthesia and see the world. We joined anesthesia and what did we see? We saw the world".

Långt senare, skulle jag genom önskan till förkovran, såväl kliniskt som vetenskapligt i kombination med forskningsanslag från stiftelser, där pengarna förvaltades av Uppsala universitet, liksom under år i läkemedelsindustri erhålla känslan av att faktiskt ha sett världen.

*

Tentamensresultat liksom det allmänna intrycket under kurserna resulterade i slutbetyg, där "B" var det lägsta godkända, "Ba" var godkänt, men definitivt inget man skröt över. "Ab" var det absolut vanligaste betyget och det betyg som ansågs vara en ordinär inhämtning av kunskap. Ett litet "a" var solklart över kunskapssnittet och stora "A" nära nog ouppnåeligt. Men mer om detta senare. Jag fick "a" som slutbetyg i både medicin och kirurgi, något som antagligen reflekterade en viss förmåga att inhämta kunskap i ämnen som väckte mitt intresse.

Här drar jag mig då till minnes sorgebarnet Socialmedicin. Det var ett ämne jag aldrig riktigt förstod även om det kanske var rimligt för en blivande läkare att veta att de flesta sjukhusen (dock inte alla) hade de dåvarande landstingen som huvudman, medan långvården var kommunal. Vad som i övrigt förmedlades på föreläsningarna har jag idag inget minne av.

Det enda grupparbete som vi hade under hela läkarutbildningen var i Socialmedicin. Den grupp jag var med i och som inte utmärkte sig för någon större ambition i ämnet, fick i uppdrag att redovisa ett arbete om lunchvanor. En vacker dag skulle resultaten från detta totalt bortglömda grupparbete redovisas. Visst bekymmer utbröt i gruppen, men vi enades om att lotten fick avgöra vem som skulle redovisa våra obefintliga resultat. Den drabbade blev undertecknad som fick 10–15 minuter för att förbereda presentationen. Snabb tankeverksamhet resulterade i några schabloner om hur affärsmän satsar på goda, men mindre nyttiga, luncher, ofta av representativ karaktär. Sjukhusköket utgår från kostcirkeln och patienternas måltider anpassades efter individuella behov. Presentationen gick ganska bra och de ambitiösa kurskamraterna antecknade flitigt. Efter en stund började det hela kännas lite torrt, så det spann vidare om kosthållningen på Uppsala fängelse, där internernas stående önskemål var att tillhandahållas fil. Även detta sattes på pränt av åhörarna.

Den skriftliga tentamen i Socialmedicin gick inte så bra. Kursresultatet redovisades i form av en Gauss-kurva, där det i den vänstra svansen fanns en cut-off som, till höger, visade gränsen för godkänt och till vänster fåtalet som fått icke-godkänt resultat. Därefter följde en rak linje som avslutades med en liten ensam puckel, illustrerande mitt tentamensresultat.

På den tiden fanns evigt vikarierande medicine kandidater på ett antal sjukhus och jag förutspådde mig själv samma framtid. Dock tog jag mig samman och lyckades mot alla odds få tillräckligt många poäng på omtentamen för att nå upp till gränsen för godkänt, dvs "B". Betyget bemöttes av högste kursansvarig med kritik tillsammans med en undran huruvida jag verkligen skulle acceptera detta ganska dåliga betyg, men jag förklarade mig nöjd och råkade visst nämna något om att jag betraktade kursen som ett självändamål. Därefter skildes ämnet socialmedicin och jag åt för all framtid.

*

Därefter var det dags för Rättsmedicin, vilket var en mycket intressant kurs som i viss mån handlade om grundläggande juridik samt Socialstyrelsens Författningssamling, tillämplig i medicinska sammanhang. Kursen handlade dock mest om ond, bråd död, men hade även många spännande inslag med undervisning i kriminaltekniska frågor. Det gavs ett antal rättsmedicinska obduktionsdemonstrationer som dock var tämligen starkt censurerade, så att inte alltför makabra dödsfall uppvisades.

Obduktionerna indelades på den tiden i "enkla" rättsmedicinska undersökningar, där det inte fanns någon misstanke om brott eller vad som brukade kallas "annan persons handaverkan". Det rörde sig om hastigt avlidna där obduktion behövdes för att fastställa sannolik dödsorsak, för att kunna utfärda dödsbevis. En något mer utförlig undersökning gjordes vid de "fullständiga" undersökningarna. I denna kategori ingick olycksfall, som kunde vara trafikolyckor, arbetsplatsolyckor och liknande. Självmord var här en annan, vanligt förekommande kategori.

Mest omfattande var det som kallades den rättsmedicinska obduktionen som utfördes då brott förelåg eller misstänktes ha orsakat dödsfallet. En annan del i denna utbildning var konsten att skriva rättsintyg. Detta är en utomordentligt viktig del, då rättsintyg har en stor tyngd i olika juridiska sammanhang. Det förtjänar även att betonas att man i dessa sammanhang skall vara strikt objektiv och att ett intyg, eller för den delen ett obduktionsprotokoll, aldrig får vara någon form av partsinlaga. Trots ämnet som sådant gav kursen en trevlig och avslappnad atmosfär och avslutades med ett studiebesök på Polismuseet som på den tiden låg i Polishuset och inte var tillgängligt för allmänheten, något som kan förklaras av den tämligen brutala, polisiära verklighet som demonstrerades på ett sätt som idag knappast skulle ses som politiskt korrekt.

*

Ämnet psykiatri erbjöd en blandad kompott. Vissa föreläsningar var mycket givande medan andra inte höll samma mått. Det föreföll som om schemat för föreläsningar inte enbart fördelats efter engagemang och intresse för katederundervisning.

Ett litet kuriosum som uppskattades särskilt av oss humanistiskt intresserade läkarkandidater var Professor emeritus Torsten Freys föreläsning om "Sjuka skalder", där han ur psykiatrisk synvinkel analyserade svenska skalder och deras diagnoser. Inte oväntat, var alkohol en av orsakerna till psykisk ohälsa. Att den som drabbats av alkoholberoende knappast kan återgå till vanligt socialt drickande av alkohol utan får välja mellan fortsatt missbruk och absolutism är ingen hemlighet.

Ett exempel på en skald som drabbades av svårt alkoholberoende var Gustaf Fröding. Efter att han lyckats hålla sig nykter en period, bestämde anhöriga att man skulle fira detta med en middag där brända och destillerade drycker serverades, sannolikt i riklig mängd. Fröding försvann under middagen och hittades några veckor senare i försupet tillstånd i en miljö som i bästa fall kunde beskrivas som "tvivelaktig". En annan känd skald som Torsten Frey beskrev var August Strindberg. Denne författare har ett flertal gånger fått diagnosen schizofreni, vilket enligt Torsten Frey dock var den enda diagnos man absolut inte kunde sätta på August Strindberg. Utan att kunna ta ställning i fallet, så kan jag säga att förtroendet för Torsten Frey var, och förblir, stort. En ytterligare person som gjorde djupt intryck var Professor Björn-Erik Roos, som myntade följande uttryck, omöjligt att inte memorera: "Hjärnan är i princip ett modifierat tarmganglion. Hos vissa människor framgår detta tydligare". Om "ganglion" till äventyrs behöver förtydligas, så betyder ordet i detta sammanhang en anhopning av nervceller.

Vid ett tillfälle yttrade professor Roos följande korta, men kärnfulla budskap: "Det är oetiskt att inte forska". Det var väl inte många av oss kandidater som förstod innebörden i detta, utan vi levde och lärde i någon form av tro att vi fick insupa den ultimata medicinska kunskapen. En fri association till det yttrande som (felaktigt?) tillskrivs chefen för det amerikanska patentverket: "Allt som går att uppfinna är redan uppfunnet", ligger nära till hands. Med ett antal år på nacken kan man säga att såväl det diagnostiska som terapeutiska spektret idag är något helt annat än det som var "sanning" under 1970-talet, en utveckling som givetvis kommer att fortsätta.

Åter till etik och forskning, inkluderande en liten utblick. Studier omfattande såväl människor som djur måste godkännas av etiskt innan de får starta, men mer om detta kommer senare. I min värld, så skall etisk prövning (granskning) göras för att bistå forskare i deras strävan att presentera resultat av hög kvalitet med beaktande av vetenskapliga principer. Tyvärr är det väl inte utan man idag kan uppfatta etisk prövning som tämligen tungrodd. I vissa fall har kollegor råkat ut för en hel del obehag vilka krävt omfattande arbetsinsatser för att undvika juridiska påföljder i fall där Överklagandenämnden för etikprövning agerat, även då forskare fått godkännande vid etikprövning. Enligt mitt förmenande finns klar risk att forskare kommer att dra sig för att studera förlopp och skeenden, vilka, i vissa kretsar, kan uppfattas som politiskt laddade, något som inte kan anses positivt för den som vill klarlägga mer känsliga samband.

*

En annan, mindre framgångsrik föreläsare inom området psykiatri, hade oturen att drabbas av att parallellt med dennes föreläsning skulle den legendariske Erik Ask-Upmark föreläsa i anatomi. Detta var runt 1976. Vi var rätt många som skolkade från föreläsningen i psykiatri för att i stället lyssna på "Askens" föreläsning i anatomi. Mycket kan sägas om honom, men har var en lysande föreläsare, antagligen den bäste jag någonsin hört. Föreläsningen var uppbyggd på foton av frimärken, vilka illustrerade olika sjukdomstillstånd och utifrån dessa, beskrev han vilka anatomiska strukturer som var påverkade av respektive sjukdom, och hur kunskap inom anatomi kunde hjälpa till med både diagnostik och terapi.

"Asken" var professor emeritus i invärtesmedicin och historierna om honom är många och långa; en del antagligen sanna. Några av de många historierna om "Asken" som jag tror på, beroende på personlig kännedom om berättarna, var, dels när han utförde sitt paradnummer med att ta prov på ryggmärgsvätska genom att sticka den vakna och sannolikt tämligen förskräckta patienten bakifrån, högt upp i nacken med information om att "några millimeter längre in och patienten dör".

Ingreppet gjordes gärna i en trång skrubb där kandidater trängdes och det mer eller mindre avsedda målet var att någon skulle svimma. Om ingen svimmade spontant, så var ett av medlen att låta någon känna hur ryggmärgsvätskan droppade ned på handen med kommentaren: "Känn, kandidaten, livets värme".

Föreläsningar som inkluderade patientdemonstration var ganska vanliga även på min tid och utfördes i samråd med och efter acceptans från patienten. "Asken" som gärna ville vara lite mer dramatisk hade en patientdemonstration där en kandidat skulle undersöka en patient och bland annat titta i ögonbotten med ett så kallat oftalmoskop. Den stackars kandidaten såg ingenting utan blev mer och mer stressad. För att klara sig så gott som möjligt, beskrev vederbörande kandidat i lagom diffusa ordalag en tämligen normal bild av en ögonbotten och hoppades på en lindrig korrektion. I stället log Ask-Upmark sitt mest diaboliska leende och berömde i lätt sarkastiska ordalag kandidaten för att ha lyckats beskriva en ögonbotten så bra på en patient som faktiskt hade ett emaljöga.

Inte bara kandidater, utan även färdiga läkare, levde i fruktan för vad Ask-Upmark kunde ta sig för. Av och till kunde "Asken" få för sig att besöka sjukhuset under sena timmar för att gå en kvällsrond. Ve den avdelningsläkare som då inte befann sig på sin avdelning utan gått hem för att umgås med sin familj.

Här kan den kritiske läsaren givetvis undra vad dessa anekdoter eventuellt har för samband med mina så kallade memoarer och svaret torde vara "inget alls". Dock var dessa, och många liknande, historier aktuella och refererades inte sällan av läkare som var med på den tid då "Asken" huserade. En annan aspekt är att han pensionerades 1968 och det har sålunda, till dags datum, förflutit mellan femtio och sextio år sedan denna diktatoriska regim styrde en klinik med järnhand. De som ser detta som grå forntid har dock föräldrar eller en tidigare generation som levde då dylika personer tilläts styra över sina medmänniskor.

*

Efter dessa anekdotiska utblickar, så är det dags att återgå till psykiatrikursen vilken, liksom övriga kurser, varvades med amanuenstjänsten och obduktioner. Vid ett tillfälle var det så kallad storrond på Ulleråkers sjukhus. På den tiden fanns det fortfarande ett antal mentalsjukhus över hela landet.

Jag hade denna morgon gjort min insats på patologen och anslöt så diskret som det bara gick till den relativt stora skaran av rondande läkare, sköterskor och kandidater. Dörren öppnades till ett av rummen och ut kom en liten späd kvinna som omedelbart utbrast att "det luktar lik". Psykiatrikerna tittade menande på varandra och kurskamraterna tittade menande på mig. Om ifrågavarande patient hade hallucinationer eller ett ovanligt gott luktsinne kommer ingen att få veta.

Kurserna rullade på och jag började mer och mer känna sig som en riktig doktor.

VIKARIERANDE DISTRIKTSLÄKARE

Den 31 mars 1976 fick jag godkänt efter sluttentamen i psykiatri och därmed var det fritt fram att arbeta som distriktsläkare. Sommarlovet var samtidigt i antågande och det var spännande att äntligen få pröva vingarna.

I en annons såg jag att Hudiksvalls sjukhus sökte vikarier för att upprätthålla en distriktsjourslinje under helgerna. Sagt och gjort, jag sökte ett vikariat och helt plötsligt befann jag mig en somrig fredag eftermiddag på en jourmottagning i egenskap av, "snudd på", tvättäkta doktor som skulle behandla egna patienter.

Andra halvan av 1970-talet var fortfarande mer formellt än vad vi är vana vid idag och duandet var inte i allmänt bruk. Min första egna "riktiga" patient var en lite äldre dam som sökte akut. I avsikt att göra ett förtroendeingivande och resolut intryck, så levererade jag ett rejält kraftfullt handslag, presenterade mig som doktor Eriksson och frågade vad som besvärade. Svaret kom omedelbart: "Aj! Det är handen". Nåja, röntgen visade att det inte förelåg någon skelettskada i handen, så ingen större olycka hade antagligen inträffat.

En annan akut sökande, var en ung man som fått uttalad hörselnedsättning på ena örat efter dusch. Vi den här tidpunkten hade jag ännu inte gått öronkursen. Jourhavande öronläkare befann sig i hemmet, tillgänglig för konsultation, men det förväntades att man åtminstone gjort en första bedömning av vad som kunde ha skett innan specialist tillfrågades. En lämplig första åtgärd var att försöka titta i örat. Det enda jag såg var gult, gult och åter gult, rimligen vax. Sköterska och jag enades snabbt om att en renspolning av örat kunde vara på sin plats. Hon plockade snabbt och effektivt fram en större spruta och började skölja utan att något hände, så jag blev ombedd att ta över. Jag hade ju sett hur hon gjorde, så det var bara att försöka göra likadant. Efter mitt första försök, så kom en knallgul, bönstor vaxpropp utflygande, varpå både sköterska och patient enades om att jag uppenbarligen visste hur man skulle göra. Det var kanske inte alldeles ärligt av mig, men jag såg ingen anledning att ta dem ur denna villfarelse.

En kväll ringde en förtvivlad man till akuten. Han var far till en son som tidigare vårdats på mentalsjukhus, men nu hade återinsjuknat med uttalad aggressivitet och vad man kunde tolka som uppenbara vanföreställningar. Jourtjänsten upphörde någon gång på kvällen, men detta kändes angeläget så jag tyckte att problemet på något sätt måste lösas. Man kan få polishandräckning i vissa fall, men jag hade bara hörsägen från fadern att gå på, så jag var tvungen att skapa mig en egen bild. Pappan och jag diskuterade lite runt sonens aggression och hur pass farlig han kunde bli, men det fanns även en farbror där, så på tre personer borde vi kunna övermanna sonen. Taxi beställdes och färden påbörjades sent på kvällen. Jag nämnde för taxichauffören att tumult kunde utbryta och att han i så fall skulle bli ombedd att hjälpa till.

Väl framme, vid en ensligt belägen gård ute på den hälsingska landsbygden, så vägrade chauffören att kliva ur bilen, så det var bara att själv gå in i huset, hälsa och se lagom obesvärad ut. Alla vi närvarande i huset kom snabbt överens om att sätta oss i ett rum för att "diskutera". Sonen öppnade en dörr och bjöd mig att gå in, för att därefter slå följe. Då far och farbror skulle komma efter, så vrålade den tämligen instabile sonen åt dem att försvinna ut, vilket snabbt skedde. Därefter stängdes och låstes dörren av sonen. I detta ögonblick var jag helt övertygad om att han skulle svälja nyckeln för att förhindra min reträtt.

Hur som helst, vi började prata och sonen berättade om ett av sina huvudproblem, nämligen att smörgåsarna lyssnade på honom när han jobbade i skogen. Det var ingen liten vekling jag var instängd med utan en riktigt kraftfull skogsjobbare. Hur som helst, så ville jag gärna höra lite mer om detta och han berättade mer och mer, varefter det blev helt uppenbart att detta var ett fall för tvångsintagning på mentalsjukhus. På den tiden skrev man då ett vårdintyg som skulle medfölja och bedömas vid ankomsten. Stämningen blev mer och mer avspänd, så när jag kände att det var dags att författa vårdintyget gick det över förväntat att få den tidigare så aggressive sonen att hämta både skrivmaskin och legitimation. Ambulans beställdes och efter ett visst diskuterande om snälla farbröder i vita rockar, så vidtog utan någon som helst dramatik transporten till det tämligen närbelägna mentalsjukhuset.

Vid ett helt annat tillfälle handhade jag ett huggormsbett, vilket inte tillhör de vanligare diagnoserna, men det gav en god motivation att läsa på om behandling som jag senare fick stor nytta av; mer om detta senare. Efter denna eskapad i egenskap av tillförordnad eskulap, så växte självförtroendet och jag beslöt mig för att spänna bågen ännu lite mer.

*

Med lite planering och framförhållning, så visade det sig möjligt att av och till ta helgjoursverksamhet i ett lite mindre samhälle längre in i inlandet, nämligen, det i bandysammanhang välkända, Ljusdal. Här öppnades 1939 Sveriges modernaste sjukhus vilket fram till 1971 var i drift som akutsjukhus, varefter man inriktade sig på långvård. Där fanns även en vårdcentral, öppen 24/7. Under många år, sannolikt fram till 1971, bedrevs kirurgisk verksamhet. Jag vet inte hur pass stora operationer som gjordes, men narkos sköttes självständigt av narkossköterskor. Närmaste narkosläkare fanns i Hudiksvall.

Jourpassen sträckte sig vanligtvis från fredag eftermiddag till måndag morgon, det vill säga 63 timmar. Oftast fick man dock sova någorlunda hyggligt på nätterna. Arvoderingen var per patient, med ett visst litet grundarvode för att vara på plats. Sjuhusmatsalen lagade god mat och det gick alldeles utmärkt att i förväg ringa och beställa jourmackor som man betalade med en middagskupong. Mackorna var rejält tilltagna, goda och innebar ett, för jourhavande, icke föraktligt glädjeämne.

Ljusdal var på den tiden något av en filial till vilda västern. Slagsmål, inkluderande rejäl misshandel, liksom fylleri förekom frekvent, men givetvis även rejält sjuka patienter. Upptagningsområdet var geografiskt stort och man sökte inte sjukvård i onödan. Trafikolyckor förekom, särskilt då vinterhalkan började sätta in. Under jourtid var man då ensam doktor på Ljusdals vårdcentral. Ville man konsultera en kollega, så fanns möjlighet att ringa till jouren i Hudiksvall, som oftast var en AT-läkare. Långvårdsläkare fanns att ringa och att diskutera med, vid de relativt sällsynta tillfällen som man ville lägga in en patient direkt på långvården. Jag har inget minne av att det någonsin var problem med detta, bara man ringde och klart kommunicerade vårdbehovet. Personalen på jourmottagningen var duktiga och lätta att samarbeta med. Ute på fältet fanns distriktssköterskor som gjorde hembesök hos de som av olika skäl hade svårt att ta sig till vårdcentralen. De var rutinerade och mycket kompetenta. Vid ett tillfälle ringde en distriktssköterska och berättade att hon varit hemma hos en åldring och konstaterat njurbäckeninflammation och påbörjat behandling med antibiotika, men nu behövdes ett recept, vilket var enkelt att ringa in till apotek för fortsatt behandling. Därefter begav hon sig vidare till nästa behövande. Tempot var högt och effektiviteten god, med patienternas omsorg i första rummet. Omvårdnadsteorierna var ännu inte uppfunna.

Det fanns två ambulanser med besättningar som ombesörjde transporter till och från vårdcentralen, så det gällde att hushålla med dessa resurser. En tidig lördagseftermiddag kom ambulansen in med en medvetslös ung man. En snabbtitt i journalen visade att samme patient ett antal gånger inkommit medvetslös, företrädesvis i anslutning till helg, och därför transporterats till Hudiksvalls sjukhus, där han redan i entrén piggnat till och därefter begett sig ned på stan. Min misstänksamhet väcktes. Vid tämligen hårdhänt undersökning kunde möjligen lätt grimas iakttas, men någon övrig respons uppvisade han inte. Stämningen på akutrummet blev succesivt mer tryckt och det började muttras om att han självklart måste skickas till Hudiksvalls sjukhus, så pressen ökade successivt. Misstankarna kvarstod dock, så jag satte allt på ett kort och förklarade med hög och tydlig stämma att det här inte var någon vanlig medvetslöshet utan en svår psykiatrisk reaktion som måste föranleda tvångsintagning på det näraliggande, tämligen illa beryktade, mentalsjukhuset och att han skulle vara tvångsintagen under minst några veckor, så nu går jag och skriver intyg för tvångsintagning, så sänder vi honom så snart som möjligt. Därefter gick jag in på expeditionen och funderade på vad gör jag nu då, när dörren slets upp och den tidigare, så medvetslöse ynglingen stod där och skrek att "det ger du fan i", för att därefter försvinna ut från mottagningen. Viss känsla av triumf infann sig.

En helt annan patientkategori kan representeras av den unge man som råkat såga sig i ett lår med motorsågen. Skadan var inte värre än att den gick att rengöra, ta bort en del skadad vävnad och slutligen sy igen. Allt gjordes givetvis efter ordentlig lokalbedövning. När detta var klart, så undrade den numera sydde ynglingen om vi kunde ta bort några stygn som satt i ett ögonbryn. Jodå, självklart kunde vi fixa det, men stygnen såg väldigt konstiga ut, så jag frågade varifrån de kom.

Det visade sig då att han hade varit ute och fiskat och dessvärre ramlat omkull i fiskestugan och slagit upp ett rejält sår i ögonbrynet. Men, bra karl reder sig själv, så han hade tagit en synål, tillräckligt grov för att kunna trä i en fiskelina. Efter att ha kokat nål och tråd, hade han ställt sig framför spegeln och sytt igen såret. Det hela var väl läkt och fint, så det var bara att ta bort stygnen och uttrycka viss beundran för hans dådkraft. Vi skakade hand och han kommenterade vårt avsked med: "Ja hejdå, kollega".

Ett ytterligare fall av medvetslöshet, dock av betydligt mer akut karaktär, infann sig en solig försommardag, då en pappa plötsligt kom inspringande med sin medvetslöse cirka 8-årige son i famnen. Sjukhistorien var kristallklar. Kamrater hade sett pojken leka med en orm för att därefter lyfta upp den, bli biten med efterföljande mycket snabbt insättande medvetslöshet. Bettmärken syntes. Syrgas och dropp, intravenös injektion av cortison gavs. Jag lyssnade på hjärtat och noterade att pulsen blev långsammare, tonerna mer avlägsna och pupillerna började vidgas, samtidigt skrek någon att blodtrycket sjunker ännu mer.

Den minnesgode läsaren erinrar sig att jag något tidigare handlagt ett huggormsbett i Hudiksvall och därför läst på just om behandling av dem. Som sistahandsåtgärd vid kris rekommenderas då preparatet Aramine som blodtryckshöjare. Detta medel avregistrerades i Sverige 1983, men fanns vi den här tiden fortfarande tillgängligt. Minst sagt godtyckligt, ordinerade jag en halv ampull intravenöst, vilket hade en närmast mirakulöst positiv effekt på puls och blodtryck. Antihistamin (prometazin) tillsattes i droppet innan jag bestämda att göra sällskap i ambulansen till Hudiksvall. Pojken var fortfarande rejält påverkad vid ankomsten, men ändå klart förbättrad. Lättnadens suck!

Patientutbudet var som framgått en salig blandning. Ett telefonsamtal från en man som plötsligt fått ont i ryggen ombads komma för säkerhets skull. Många trodde nog att det var ersättningen för en extra patient som hägrade. Vad det nu än var, så kom vederbörande och vid undersökningen stod det omedelbart klart att det fanns en stor pulserande resistens i buken, det vill säga kroppspulsådern hade sannolikt spruckit, men ännu inte blött ut i fri bukhåla. Iltransport till Hudiksvalls sjukhus och akut operation. Tyvärr dog patienten någon vecka senare, då suturerna mellan kroppspulsådern och kärlprotesen sprack.

Fylleri var och är en inte helt ovanlig orsak till sjukbesök. Vid ett tillfälle kom ett lindrigt nyktert gäng med sin ännu mer berusade kompis som sov, minst sagt, djupt. Vad göra? Som tidigare nämnts, så var Ljusdal på den tiden något som mer eller mindre påminde om vilda västern. Det var antagligen därifrån inspirationen kom att erbjuda samma behandling i tillnyktrande syfte som inte så sällan förekom i västernfilmer, nämligen en hink kallt vatten. Ynglingen rullades ut i ambulanshallen, djupt sovande på en bår, och den något okonventionella behandlingen inleddes. Efter att ha fått en hink kallt vatten över sig, så vidtog ett frustande uppvaknande. Allt hade varit gott och väl om inte kompisarna lyckats klänga sig upp och kika in genom fönstren för att beskåda den informella behandlingen. Att påstå att det var jubel och skratt där ute i den då mörka natten, är ingen överdrift.

Som avslutning på minnena från Ljusdals vårdcentral finns ett annat avslut värt att nämnas. Någon långhelg (sannolikt Pingsthelgen), så önskade man vikarie som kunde fortsätta arbeta även efterföljande måndag dag. Jag accepterade men förklarade att jag absolut måste hinna med det sista tåget från Ljusdal som avgick under tidiga måndagskvällen. Dagen löpte mot sitt slut och det var dags att ge sig i väg, så förhoppningsvis skulle en ordinarie distriktsläkare ta över jouren enligt överenskommelse. I stället för kollega som skulle erbjuda avlösning inkom en patient med svår astmaattack. Behandling påbörjades samtidigt som klockan tickade utan att ny jourhavande infann sig, däremot närmade sig klockan tidpunkten för tågets snara ankomst och tyvärr även dess avfärd, vilket, minst sagt, skulle komplicera min nästkommande dag.

Bekymren minskade knappast då en av sköterskorna så småningom lite diskret anförtrodde mig, vad alla andra visste, nämligen att den tilltänkte distriktsläkarjouren inte skulle komma, eftersom han normalt var ordentligt berusad vid denna tid på dygnet. Vad göra? Fortsatt astmabehandling började så sakteliga ge önskat resultat. Akut telefonsamtal till någon vänlig, men inte särskilt entusiastisk kollega, som suckande svarade att han fick väl komma, men att det skulle ta en stund. Att lämna vårdcentralen för en kortare period var ingen omöjlighet, men nu var det bråttom! Astmapatienten hade förbättrats så pass att det trots allt kändes försvarligt att ge sig i väg. Under tiden hade en vänlig person på mottagningen ringt tågstationen i Ljusdal och förklarat att de skulle hålla kvar tåget så länge det gick. Det rätta ögonblicket infann sig för mig att springa ut till den väntande ambulansen som i hög fart skjutsade ned mig, inte bara till stationen utan även upp på perrongen där jag bokstavligen hoppade direkt från ambulansen och upp på tåget som några sekunder senare avgick omkring tio minuter försenat.

ÅTER I UPPSALA

Som amanuens, i mitt fall i patologi, förväntades man engagera sig i forskning, så jag tillbringade ett antal kvällar på laboratoriet och försökte få ihop vetenskaplig teori och praktik, vilket inte alltid var så lätt. Så småningom blev det dags att skriva ihop ett manus och jag skrev av hjärtans lust och kände hur detta manus var vad mänskligheten under långliga tider sett fram emot.

Den mycket kunnige och trevlige docent, sedermera professor, Per Westermark ögnade snabbt igenom och lovade att återkomma med synpunkter, vilket han gjorde i form av ett totalt nyskrivet manus, där det inte gick att känna igen särskilt mycket av vare sig mina tankegångar eller slutsatser. Jag fick i alla fall namnet på en publikation även om det nog var lite på nåder. En värdefull lärdom var att ha förståelse för hur lite man som gröngöling kan och förstår av forskningens resultat och hur dessa skall presenteras.

Studierutiner etablerades, kurserna var kliniskt inriktade och ofta intressanta även om det kändes mer och mer klart att det antingen var kirurgi/anestesi eller möjligen rättsmedicin/patologi som hägrade i framtiden. Ekonomin blev bättre med amanuenstjänst och sporadiska vikariat.

Vid ett tillfälle gick mycket gode vännen och kurskamraten A.H. och jag på en liten restaurang i Uppsala och enades snabbt och lätt om att en flaska vin inte skulle vara så tokigt till maten. Vi frågade servitrisen vad som fanns att välja på och hon rekommenderade husets vin. På frågan om vilket som var husets vin, så lovade hon mycket vänligt att ta reda på det och återkomma, vilket hon gjorde och med glad min förklarade att det är "Chateau Nånting". Vi insåg att det var ett utmärkt läge att med bibehållen vänlighet beställa en flaska "Chateau Nånting" som för övrigt smakade alldeles utmärkt, om jag nu inte missminner mig.

Vi närmade oss slutet av studietiden och ytterligare ett antal kurser avverkades, mer eller mindre, "på löpande band". Även om tempot fortfarande var högt och det var mycket som skulle memoreras innan man tenterade, så hade alla kursare skaffat sig goda studierutiner. En gemensam nämnare för kurserna i ögon-, öron-, hud- och könssjukdomar, neurologi med flera ämnen var att jag insåg att dessa var inget som jag längtade efter.

En anekdot kan dock berättas från ögonkliniken, då en äldre dam hade remitterats på grund av hotande blindhet. Det var ingen tvekan om att hon såg mycket dåligt och att försäkringen var progressiv. I undersökningen ingick att titta på hennes glasögon, vilka var täckta av ett tämligen tjockt flottlager. Detta kom sig av att hon på grund av sin försämrade syn var tvungen att luta sig närmare och närmare över stekpannan då hon tillagade sina måltider. Efter en ordentlig rengöring av glasögonen visade det sig att synen förbättrats närmast mirakulöst, så en gladare och mer tacksam patient är det svårt att tänka sig. Alla inblandade sände en tacksamhetens tanke till öppenvården som med hjälp av remiss till ögonkliniken på sjukhuset hade påbörjat den handläggning som gjorde att damen återfick synförmågan.

En mer märklig och pinsam historia och som, inte helt förvånande, fick medial spridning var när en prominent företrädare för den neurologiska specialiteten kom att uppmärksammas av kollegorna i Hälso- och sjukvårdens ansvarsnämnd (HSAN). Detta motiverades av att hans undersökningar och uppmaningar till unga damer som remitterats till honom på grund av olika neurologiska besvär, ofta besvärlig huvudvärk, påtagligt ifrågasatts av patienterna. Det visade sig att det inkommit ett antal anmälningar om olämpligt uppförande, som att kvinnorna fått demonstrera hur de brukade göra för att tillfredsställa sig själva och i något fall en gynekologisk undersökning, där patienten reagerat på att han inte hade handskar på sig under själva undersökningen. Här fanns en grannlaga uppgift för kollegorna i ansvarsnämnden. HSAN:s utredning slutade med kritik angående brister i journalföringen. För oss mer konventionellt sinnade medicinare, var detta fråga om flagranta övertramp i hantering av patienter, vilka ofta befann sig i en beroendesituation, då de remitterats för, vad som påstods vara, den mest kvalificerade vård som kan tänkas. Idag torde konsekvenserna av dylikt handlande ha blivit föremål för en omsorgsfull juridisk prövning.

*

En trevlig och spännande kurs var obstetrik, där man handgripligen fick lära sig att förlösa, ja jag menar verkligen att lära sig förlösa handgripligen. Med tanke på fortsatta nedläggningar av förlossningskliniker och transport till närmaste sjukhus, så hoppas jag att detta utbildningsmoment finns kvar. Ett krav som kändes välmotiverat var att man skapade kontakt med den blivande modern under tidig fas av förlossningen och inte kom inspringande för att agera enbart i utdrivningsskedet.

Jag vill minnas att pediatrik var den sista kursen. Läran om barnsjukdomar kändes motiverande och erbjöd många trevliga kontakter med barn och föräldrar. En särskild enhet var barnneurologi som styrdes av professor Ingrid Gamstorp som vigt en mycket stor del av sitt liv åt sina patienter. Vid ett tillfälle skulle en pojke bedömas på misstanke om en lättare mental retardation. Ingrid Gamstorp var finurlig i sina sätt att leka fram ett beteende hos barnen som egentligen ingick som en del i den kliniska undersökningen. I en viss ålder förmodas barn ha utvecklat det så kallade pincettgreppet, det vill säga att ta ett mindre föremål mellan pekfinger och tumme. Gossen uppmanades att ta en liten kula, vilket han försökte göra med ett klumpigt fyrfingergrepp, som han egentligen borde ha vuxit ifrån. Gamstorp noterade givetvis detta och såg tämligen bekymrad ut. Det bar sig inte bättre än att gossen tappade kulan ned på golvet, där fadern plockade upp kulan, även han med ett klumpigt fyrfingergrepp. I och med detta spreds ett lite diskret, men förklarande, leende över undersökarens ansikte.

*

En vacker dag år 1977 var jag examinerad läkare och behörig att söka allmäntjänstgöring (AT, något som ingick i utbildningen innan man erhöll legitimation. AT bestod av sex månader kirurgi, där anestesi och intensivvård respektive ortopedi ingick; sex månader invärtesmedicin (i mitt fall uppdelat mellan hjärtintensivvård och lungmedicin; tre månader psykiatri respektive öppenvård samt tre månader valfri del (där jag valde Rättsmedicin). Allmäntjänstgöringen var förenad med schemalagt arbete, lön och kontroller av tillägnad kunskap.

Eftersom jag planerade att vara kvar i Uppsala under en period, så dök tanken upp att före AT pröva något lite utöver det vardagliga.

Thoraxkirurgi lät spännande, så glad i hågen begärde jag audiens hos docenten Lennart Johansson, chef för den uppsaliensiska thorax-kirurgin. Det var verkligen en audiens, som inleddes med att jag ombads redogöra för mina meriter. Det var snabbt avklarat — alldeles för snabbt för att leda ens till en måttlig succé. Lennart Johansson hade, med rätta, rykte om sig att vara en bister och tämligen sarkastisk herre. Efter att ha lyssnat på den tämligen korta, för att inte säga magra, redogörelsen över mina sjukvårdserfarenheter, kommenterade han, inte ovänligt, men kort och bestämt: "Det är just sådana som du som vi försöker klara oss ifrån". Jag fick i alla fall som ett litet plåster på såren en kortfattad förklaring som gick ut på att man som minimalt krav hade kommit åtminstone halvvägs i specialistutbildning till allmänkirurgi. Man ville helt enkelt inte ägna sig åt grundläggande kirurgisk under-visning.

Ett antal år senare fick jag i alla fall äran, och jag menar verkligen äran, att i egenskap av narkosläkare samarbeta med Lennart Johansson på thorax. Han var nog den överlägset bäste kirurg jag någonsin sett, det var ofattbart hur vävnaderna på något magiskt sätt flöt isär under hans händer. Att han var en ansvarskännande, om än kärv, personlighet undgick ingen, inte heller den patient som hade fått en mekanisk aortaklaff. Det hörs ett klickande ljud då en sådan klaff stänger sig och blod pumpas ut i stora kroppspulsådern. Denne patient var orolig efter ingreppet och frågade dagen efter operationen: "Säg doktorn, hur länge håller en sådan här klaff": Svaret kom, lugnt, vänligt och förtroende-ingivande: "Det är ingen fara, den håller livet ut". Det tog inte så lång stund innan patienten insåg vad svaret egentligen betydde.

Då kom nästa uppslag. Varför inte pröva rättsmedicin? Ämnet var spännande, men tanken fanns också att man som eventuell framtida kirurg eller narkosläkare skulle komma att exponeras för patienter med stora trauman, så varför inte börja med facit — det vill säga de som redan dött till följd av trauma — och se vilka skador som uppstått? Obduktionsteknik hade jag lärt mig tämligen bra under åren som amanuens på patologen. Ny audiens, denna gång lite mindre formell och med bättre resultat hos professor Tom Saldeen. Efter en kort intervju bestämdes att jag skulle pröva mina vingar där. Rättsmedicin är en intressant specialitet även om området per automatik blir tämligen makabert av och till. Känsliga personer kan lämpligen hoppa över kommande stycke.

Blod, ond bråd död och trasiga kroppar ingick i det vardagliga arbetet. Av och till träffar man även på lik som legat länge och där förruttnelse inträtt. Dessa utgör ingen uppbygglig syn, än mindre lukt. Ofta kallas dessa "masklik", vilket inte är korrekt då det är fluglarver, inte mask, som kryllar. En mig närstående, som för övrigt vet varför jag ogillar övermogen gorgonzola, har med rätt måttlig entusiasm till slut accepterat smeknamnet "Maggot".

Man hade sina obduktionsveckor. På den tiden arbetade en läkare och två obduktionstekniker tillsammans i en relativt liten lokal med två obduktionsbord. Det blev så att man gick från det ena bordet till det andra. Vid två olika tillfällen gjorde jag fjorton obduktioner per dag, och då fick det gå undan. De dagarna fanns det inga komplicerade fall att handlägga. Hade det gjort det så hade de så kallade "enkla dödsorsaksundersökningarna" fått anstå till följande dag.

I detta sammanhang vill jag framhålla förtjänsterna hos obduktionsteknikerna G. P. och K. L. som bägge såg till att verksamheten sköttes så rent och prydligt som det någonsin var möjligt. Trots det makabra hantverket var stämningen både avslappnad och trevlig. Här förtjänar även de bägge sekreterarna (K.F. och M.T.) på den rättsmedicinska kliniken att nämnas. Dessa "tanter" (då minst 10 år yngre än vad jag är idag; men det är en annan historia) ägnade dagarna åt att skriva obduktionsprotokoll, förutom en och annan rökpaus. De var mycket vänliga, trevliga och jag uppskattade dem i högsta grad, något som jag tror var ömsesidigt.

"Tanterna" var tämligen hårdkokta och gick dagligen och stundligen in på obduktion för att hämta ut det papper på vilket man för hand skrivit dödsorsaken tämligen kortfattat. Enda undantaget från att de kom in och hämtade pappren, var då det var ett ruttet lik, detta på grund av den lukt som sprids från dylika lik och som har en märklig förmåga att bita sig fast i klädsel. (Det var inte av en slump att det fanns en dusch omedelbart utanför obduktionslokalen.) Vid dessa tillfällen rationaliserades kommunikationen. Efter att dagens obduktioner var klara, så hade "tanterna" skrivit ut dödsbevis enligt konstens alla regler, lagt i prydlig ordning, klara att underteckna.

En lite ovanlig person arbetade som ingenjör på forskningslaboratoriet. Han var tveklöst kompetent för sina arbetsuppgifter, men ville inbilla alla och envar att han egentligen var läkare, något som ibland kunde ge ett både humoristiskt och lite pinsamt intryck. På något sätt blev han rekryterad av ett läkemedelsbolag för att på thoraxkirurgiska kliniken analysera forskningsprover. Denna anställning upphörde dock efter att han börjat ordinera läkemedel och diskutera diagnoser, åtgärder och handläggning med såväl patienter som anhöriga. Kort sagt, situation blev ohållbar och han fick senare en kommunal befattning, långt borta från allt vad sjukvård heter.

Den sammanlagda tiden på Rättsmedicinska Institutionen blev betydligt längre än vad jag tänkt från början, inte minst därför att jag med tiden började sväva mer och mer mellan en framtid inom rättsmedicin eller anestesi och intensivvård. Möjligheterna att vikariera under någon eller några perioder i avsikt att känna sig för, var generellt goda.

Under en period var jag tämligen övertygad om att min framtida karriär fanns inom rättsmedicin. Jag fick tillfälle att gå en kurs i rättsmedicin i Lund, avsedd för blivande specialister. Kursledare var den i rättsmedicinska sammanhang smått legendariske Gerhard Voigt, känd för sin skicklighet inom den kliniska rättsmedicinen. Vid ett tillfälle höll han en obduktionsdemonstration där han visade hur man undersöker skallbas och översta delen av halskotpelaren efter att lossat på bakre delen av kraniet, så att detsamma kan fällas framåt. Dylika ingrepp kan ge ett makabert intryck, men syftade till att ge möjlighet att undersöka skador på halskotpelaren, något som i förlängningen bland annat kan ge ökad kunskap om hur vissa skador, exempelvis uppkomna vid trafikolyckor, kan och bör förebyggas. Ett sådant ingrepp skulle knappast kunna göras enbart i demonstrationssyfte idag, men tider ändras och ingen betvivlade att Voigt var regelrätt formell och korrekt i sina uppdrag.

Staten var huvudman för de rättsmedicinska avdelningarna. Vid denna tidpunkt låg genomsnittslönen för en statsanställd man i offentlig sektor på lite drygt 6 000:-/månad. En årslön över 100 000:- ansågs påfallande hög och skulle man som enkel underläkare komma upp i den summan krävdes ett antal extraknäck. Som parentes kan nämnas att jag några år senare fick reda på att en mycket framgångsrik kollega vid anestesi- och intensivvårdskliniken i Uppsala hade en månadslön på över 17 000:-, vilket jag tyckte var i högsta laget.

*

Någon gång under denna period blev jag erbjuden uppdraget att följa med som läkare på en resa där en person skulle utvisas till Istanbul. Erbjudandet kom med anledning av att bistå med medicinsk assistans om behov eventuellt skulle uppstå under resans gång. Ärendet lät spännande, så jag tackade ja. Mannen som skulle utvisas, som kan kallas D.A., förvarades på häktet i Uppsala i avvaktan på utvisning.

För att några dagars frånvaro i samband med resa inte skulle kollidera med det vanliga arbetet, begärde, och fick jag tjänstledighet. Tiden för resan närmade sig, men strax innan, kom beskedet att den var inställd då D.A. skulle riskera att dödas i sitt hemland, Turkiet. Anledningen till detta var att D.A. enligt släkttraditionen var tvungen att döda en person i en annan släkt och därför skulle denna släkt hämnas på motsvarande sätt. Därigenom skulle D.A. försättas i en situation som innebar fara för hans liv och därför inställdes utvisningen.

Det hela föreföll märkligt, men det föreföll mig rimligt att eftersom jag åtagit mig uppdraget och var tjänstledig utan lön, så borde ersättning ändå utbetalas. Allmänna Häktet i Uppsala slog ifrån sig och förklarade att de inte var uppdragsgivare utan enbart mellanhand. Efter några turer mellan olika myndigheter, så landade det i att Länsstyrelsen var ansvarig. Jag skrev brev till Länsstyrelsen och fick efter någon vecka svar att ärendet skulle utredas och att man skulle återkomma, vilket man inte gjorde. Saken upprepades med nya brev och dito löften att återkomma efter utredning vilket inte skedde.

Det hela drog ut på tiden och till slut blev det något av en tradition att med varierande mellanrum uppvakta Länsstyrelsen. Av och till uteblev svar helt och hållet, ibland skulle saken utredas vidare. Till slut tröttnade jag på denna långbänk. Hade någon representant för Länsstyrelsen helt enkelt sagt att vi inte hade någon skriftlig överenskommelse eller att det inte fanns något officiellt uppdrag, så hade det inte varit mycket att säga, men denna "brända jordens taktik", kändes i längden irriterande. Därför begärde jag ut diarienummer på korrespondens och fick till svar att detta saknades, men representant för Länsstyrelsen svarade brevledes att man var "övertygad om att ärendet vidarebefordrats till den instans och den person som var ytterst ansvarig". Vilken instans och vilken person det var fråga om, visste man tyvärr inte, men övertygelsen om att ytterst ansvarig informerats kvarstod. I och med detta försvann de sista resterna av mitt tålamod, så jag sände en skrivelse med förfrågan om ärendet handlagts korrekt till Justitieombudsmannen.

JO tog upp ärendet och konstaterade att Länsstyrelsen brustit i sin handläggning och att ärendet borde diarieförts. Tyvärr blev det så att den som klandrades av JO var dåvarande landshövdingen, Ingemar Mundebo, som visserligen var ytterst ansvarig för att rutinerna följdes, men som egentligen inte på något som helst sätt varit inblandad i handläggningen. Efter JO:s ingripande gick det i alla fall att få ersättning för utebliven inkomst motsvarande de aktuella dagarna. Det rörde sig inte om några stora pengar; det var mer en test av myndigheters agerande och tjänstemäns civilkurage.

*

Under senare delen av 1970-talet gavs olika tillfällen till extraknäck. Ett sådant, som erbjöds via de rättsmedicinska kontakterna med polisen, bestod i att åka ned till polisstationen för att ta blodprov på misstänkta rattfyllerister. Mer sällan, men dock förekommande, var även psykiatriska bedömningar. Det persongalleri man stötte på hos polisen i samband med framför allt blodprovstagning var minst sagt varierat. Vissa var direkt hotfulla, andra ångerköpta, en och annan var hånfull och några totalt förnekande. I ett fall gjorde jag avsiktligt fel.

På den tiden tog man kapillärt blodprov i fingret och fyllde flera små rör, vilka vart och ett rymde någon milliliter. Det var väsentligt att proverna skulle tas standardiserat, då differens i uppmätt alkoholhalt mellan rören subtraherades från det lägst uppmätta värdet, så att laboratoriet kunde ange den garanterat absolut lägsta tänkbara promillehalten i blod. I det aktuella fallet, var det en ung dam som var hembjuden på middag till en bekant och det dracks vin till maten. Uppenbarligen hade paret olika åsikter om hur kvällen skulle avslutas och damen ifråga ville använda det tidigare erbjudna gästrum, vilket inte var i överensstämmelse med värdens avsikter. Hon beslöt sig då för att ta sin bil och åka därifrån, vilket resulterade i att värden ringde polisen och berättade att det var en onykter bilförare på gång. Man kan tämligen lugnt säga att hon var rejält upprörd då vi träffades för blodprovstagning. Som nämnts ovan, så resulterar stora spridningar i analysen i en slutsats om uppmätt promillehalt som är till den misstänktes fördel. Därför stack jag avsiktligt tämligen klantigt några gånger och blev därmed, av och till, tvungen att klämma fram lite blod, vilket då till viss del blandas med den vävnadsvätska som normalt finns mellan cellerna. Att försöka påverka resultatet av blodprovstagningen var naturligtvis inte juridiskt korrekt, dock inget jag ångrar. Tvärtom, hoppas det fungerade.

En mindre trevlig klient var den kände våldsverkare som polis tagit in till Polishuset på grund av misstänkt rattfylleri. Som tidigare nämnts, var det väsentligt att ta de kapillära blodproverna från ett finger, så standardiserat som möjligt i avsikt att minska spridningarna vid den kemiska analysen av alkoholhalten i blodet. Ett sätt att göra det, var att inte bara sticka med lansetten utan att även göra ett litet snitt i fingerblomman. Ytterligare en fördel med detta var att man slapp sticka upprepade gånger, något som inte var särskilt populärt i ett klientel där man redan från början inte var särskilt uppskattad. Efter att på ovanstående sätt, medelst ett litet snitt i fingerblomman, ha fått tillräcklig mängd blod från denne kände våldsverkare, tittade han på mig med en blick som enklast kan beskrivas som iskallt hat och sade: "Du skar mig.

Jag ska skära dig". Effekten av yttrandet blev inte mindre av att det uttalades med omisskännlig dialekt från vårt östra grannland samt att vederbörande var känd för att vanligtvis bära kniv. Våra vägar har dock inte korsats efter detta.

Att ta blodprov vid misstänkt rattonykterhet/rattfylleri erbjöd ett varierat utbud av kontakter med sina medmänniskor. Vid ett tillfälle visade det sig att den misstänkte var en ytligt bekant kollega, dock ej verksam vid något sjukhus. Viss genans kunde noteras, men han fann sig snabbt och började berätta att denna förseelse var något som ifrågavarande kollega planerat tillsammans med sin advokat i akt och mening att kunna utnyttja händelsen i samband med den rättegång, på grund av skilsmässa, som just då pågick. Detaljerna hur detta skulle styrka hans förutsättningar att få framgång i skilsmässoprocessen var inte helt kristallklara, så den enklaste lösningen var att lite diskret nicka och humma instämmande för att därefter förklara att "nu kommer det att sticka till."

En annan inkomstkälla som av och till stod till buds var att arbeta på Upplands flygflottilj, F16. Arbetet bestod mestadels i sjukmönstring av värnpliktiga, men även att behandla en del anställda. Ersättningen var per patient och betydligt högre för anställda. Normalt var vi två läkare på plats, en ordinarie och en vikarie. Det gällde att hålla sig på lagom god fot med den ordinarie, då denne fördelade patienterna. En lockelse var att få komma med upp och flyga. Efter att ha frågat den fast anställde kollegan, så lovade denne att ordna saken. Efter att detta löfte upprepats ett antal gånger stod det klart att det vara bara att själv ta tag i detta projekt. Sagt och gjort. Kortare flygutbildning erbjöds, bland annat information om hur man skjuter ut sig ur planet. Vid ett tidigare tillfälle hade det uppstått ett missförstånd med en fransk flygare vilket resulterade i att denne av misstag sköt ut sig under pågående flygning. Piloten hade lakoniskt rapporterat via radio som: "Tornet kom. Jag flyger numera cabriolet".

Hur som helst, några dagar senare var det bara att iklädd full mundering, inklusive fallskärm, G-dräkt och hjälm, kliva ned i en SK60 för att följa med en riktig pilot. Enligt konnässörer kunde inte SK60 jämföras med Draken (J35), men för en amatör dög skolplanet alldeles utmärkt. Efter avslutad spaningsrunda, där vissa områden skulle besiktigas från luften, bad piloten om tillåtelse att "gå upp i sektor", vilket antagligen var den interna koden för att leka. Efter beviljande, gick vi upp till 3 000 meter och han började visa på allehanda flygtekniska färdigheter som exempelvis roll och looping. G-krafter demonstrerades och då vi efter dykning steg med cirka 7 G, så noterades det med tacksamhet att G-dräkten fungerade. G-krafterna var avsevärda! Ett visst inslag av åksjuka var ofrånkomligt för en nybörjare, men det hela avlöpte lyckligt. Att vissa blivit mer illamående kunde antas, då några mekaniker efter lyckad landning hoppade upp och glatt hojtade: "Har han spytt i masken"? Några ytterligare flygturer blev det, bland annat vad som kallas "avancerad rote", där två flygplan turas om att vara angripare respektive undkommande. Efter den åkturen behövdes inget träningspass!

Flera år senare, under specialistutbildningen i Anestesi och Intensivvård, så erbjöds extraknäck i form av vikariat på mindre sjukhus. 1982 vikarierade jag som överläkare i Enköping, med två års anestesi och intensivvård i bagaget. Brist på narkosläkare gjorde helt enkelt att det fanns ett uttalat behov av vikarier på många ställen. Det var ytterst sällan något i Enköping behövde åtgärdas på jourtid, men just då började en patient kräkas blod och omedelbar operation var nödvändig på grund av ett blödande magsår. Bakjouren på kirurgen utförde med stor skicklighet en B II med PCV (de som vet vad som avses, de vet). Idag hade med största sannolikhet vanliga receptfria läkemedel förebyggt hela sjukhistorien. Även Hudiksvall, liksom många andra sjukhus, erbjöd av och till möjligheter till motsvarande vikariat.

För att hoppa ytterligare några år framåt i tiden, närmare bestämt tidigt 1990-tal, så började persondatorerna komma. Min första PC hade ett internminne på 40MB, vilket så småningom var i minsta laget. Ett veckolångt vikariat i Gällivare erbjöds och en överenskommelse gjordes att halva ersättningen skulle betalas ut som datorutrustning och härigenom kunde PC:n kompletteras med ett extra minne på hela 50MB.

ALLMÄNTJÄNSTGÖRING

Vi befinner oss nu i slutet av 1970-talet och det var dags att söka Allmäntjänstgöring (AT), något som ingick i utbildningen innan man erhöll legitimation. AT var förenat med schemalagt arbete, lön och kontroller av tillägnad kunskap. Valet föll på Akademiska sjukhuset, Uppsala trots det grundmurat dåliga ryktet att man som AT-läkare inte fick göra något där.

Platser fördelades bland annat efter betyg. Som tidigare nämnts, så var högsta betyget, A, närmast ouppnåeligt och krävde förutom väl genomförd tentamen även någon form av specialuppdrag inbegripande forskning inom respektive område. Jag begärde omtentamen i patologi och rättsmedicin och kunde utan problem styrka mina erfarenheter inom respektive ämne. Tack vare detta, så höjdes mina betyg i både patologi och rättsmedicin till A. Här kan då nämnas att under hela min kurstid och bland samtliga studeranden, så utdelades endast dessa två A:n. Dessa var för övrigt de två sista A:n vid Medicinska Fakulteten, Uppsala universitet, då betygen kort tid senare togs bort och ersattes av godkänt/underkänt.

*

Så kom då det efterlängtade brevet med besked om antagning som AT-läkare vid Akademiska sjukhuset. Arbetet började med två månader anestesi och intensivvård, följt av allmänkirurgi och ortopedi. Första stationen var anestesi vid den gynekologiska operationsavdelningen där jag fick en första introduktion av en vänlig och duktig kollega som snart skulle bli specialist. Vi jobbade bra tillsammans och han bidrog till att väcka både nyfikenhet och entusiasm. Eftersom vi bara var två läkare, så fick man snabbt börja med praktiskt arbete, vilket innefattade inte alltför komplicerade narkoser liksom att lägga epiduralblockad, dock ej i samband med förlossning. Då krävdes större erfarenhet.

Jourverksamheten uppehölls av en "äldre jour", ofta, men inte alltid, specialist som primärt skulle sköta intensivvården och en "yngre jour" som var den som sövde och bedövade. Thoraxanestesin hade en egen jourlinje, men ingick som en av enheterna i anestesi och intensivvårds- kliniken. Bakjouren var tillgänglig en vecka i sträck, men var ytterst sällan inne på kvälls- eller nattetid. Tanken med bakjouren var att vederbörande i första hand skulle bidra till kontinuitet i bedömningar av intensivvårdspatienter under helger.

Som AT-läkare ingick man i jouren som en något junior "yngre jour", vilket innebar att man fick åta sig en del av de "enklare" akuta narkoserna som skulle handläggas. Som "yngre" jour arbetade man dagen före jour, men skulle gå hem dagen efter jour. Man fick då ta ut kompensationsledighet, det vill säga intjänade timmar som jour minus uttag av ledighet dagen efter jour. Egentligen var systemet oerhört besynnerligt, då man arbetade under en stor del av natten och fick "betala tillbaka" för att gå hem och sova. Jag misstänker att upplägget konstruerats av någon som arbetade dagtid på kontor och inte behövde ta ut kompledighet för att gå hem och vara ledig på kvällen och natten. Det är ytterst tveksamt om någon annan yrkesgrupp skulle acceptera ett sådant system.

Stämningen på kliniken var trevlig och antalet läkare som arbetade med anestesi och intensivvård var runt tjugo personer, inklusive de som var engagerade i forskningsuppdrag eller liknande verksamhet, så man blev snabbt "en i gänget" och förväntades därmed bistå med vissa konkreta arbetsinsatser.

Nästa steg i AT var allmänkirurgi. Laparoskopisk kirurgi eller så kallad "titthålskirurgi" existerade inte, utan all kirurgi gjordes öppet. Här erbjöds möjlighet att, med modernt språkbruk, bli "uppgraderad", till vikarierande underläkare i allmänkirurgi. Detta medförde en viss löneförhöjning, framför allt genom att arbetstiden förlängdes, vilket inkluderade lördagstjänstgöring. Möjligheterna att assistera vid olika ingrepp var goda och det var en ny erfarenhet att ha händerna inne i en varm kropp, något som obduktionsverksamheten inte hade erbjudit, tvärtom. Som vikarierande underläkare ingick man då, tillsammans med en specialist i kirurgi, i jouren. Här arbetade man både dagen före och dagen efter jour, vilket förvisso kunde vara ganska tungt, då möjligheterna att sova var, minst sagt, begränsade. Vid ett tillfälle då klockan närmade sig 17-tiden och hemgång hägrade, gick jag upp på avdelningen i något som jag trodde, skulle bli ett hastigt ärende, men ack nej. Ett antal oinskrivna patienter väntade på att yngste underläkaren skulle infinna sig för att fråga ut och undersöka patienterna för att därefter diktera journaler för utskrift. Erkänner att en känsla av förtvivlan, uppblandat med en viss övertygelse om att aldrig någonsin komma därifrån infann sig; något som uppenbarligen inte besannades.

I egenskap av allmänt entusiastisk och energisk tillförordnad kirurg, så hände det att jag bad att få ta en extra jour åt någon kollega, vilket sällan orsakade några problem med den som avstod från sin jour. Däremot visade det sig vid ett tillfälle att en kollega som var specialist inte var särskilt glad över att ha fått den ordinarie kirurgkollegan ersatt av en gröngöling. Efter ett visst surt muttrande, så drog sig vederbörande tillbaka väldigt tidigt på kvällen med motivationen att han behövde sova så fort som möjligt eftersom han skulle komma att få arbeta en stor del av natten med de fall som jag inte förväntades klara av.

Snabbt tog jag beslut att inte störa i onödan utan jobbade på i så högt tempo som möjligt. Ett icke obetydligt mått av tur förföljde mig, så jag kunde självständigt handlägga jourverksamheten fram till någon gång i arla morgonstunden, då det kom ett telefonsamtal från en avdelning där sköterskan meddelade att man hade en patient med tarmvred som försämrats. Här fanns ingen återvändo. Det var bara att ringa kollegan och be att vi gemensamt skulle göra en bedömning. Det var naturligtvis inga problem, tvärtom. Han var på gott humör efter att ha sovit nära nog hela natten och det kunde till och med anas ett visst mått av respekt. Det hela slutade med att en sond sattes och patientens symptom avklingade efter kort stund. Ur patientsynpunkt givetvis positivt, men i ärlighetens namn, så hade jag ju hoppats, lite grann i alla fall, på att få avsluta jouren genom att assistera vid en akut operation.

Anekdotiskt kan här berättas att vederbörande, mycket kompetente kirurg med kärlkirurgisk profilering, vid ett annat tillfälle träffade en ung manlig patient på akutmottagningen som sökte med motivationen att han var "full av förruttnelsebakterier". Kirurgkollegan visste inte riktigt hur detta skulle åtgärdas på bästa sätt, men förde i journalen ett resonemang om att tarmen förvisso innehåller en stor mängd olika bakterier och patienten remitterades därför till infektionskliniken för vidare handläggning. Slumpen ville att jag skulle träffa denne patient vid ett senare tillfälle och härigenom, via journal, få facit på bakomliggande sjukdom, som visade sig vara en debuterande schizofreni.

Det visade sig så småningom att det inte enbart gavs talrika tillfällen att assistera kirurgiskt utan det fanns även möjlighet för den hågade att få operera själv. Upprinnelsen var ett samtal i Läkarnas Kafferum (det fanns ett sådant) på sjukhuset. En patient med misstänkt appendicit ("app"; blindtarmsinflammation) skulle opereras, så jag frågade närmaste kirurg om vem som skulle operera. Min baktanke var att få assistera. Svaret kom: "Det gör du". Efter att ha förklarat min bristande erfarenhet, så kom det korthuggna svaret: "Jag lär dig". Sagt och gjort. Efter en praktisk och pedagogisk lektion i konsten att operera bort en inflammerad blindtarm, så vidtog några dagar senare något av ett gesällprov, där det gällde att så snyggt som möjligt göra likadant. Efter godkänt test, så utfärdades ett ganska så godtyckligt "grönt kort", med tillsägelse att säga till om oväntade svårigheter eller problem skulle uppstå. Ett antal patienter befriades lyckligen från sina blindtarmar utan att några malörer uppstod. Något som de nyopererade patienterna uppskattade var besöket dagen efter operationen för att höra att allt var tillfyllest.

Vid ett tillfälle fick jag dock kalla på hjälp. En ung man från Sri Lanka hade otvetydigt bukstatus som motiverade operation på misstanke om blindtarmsinflammation. Skall man vara noga så är det vid blindtarmsinflammation blindtarmens maskformiga bihang som är inflammerat och för att på bästa sätt komma åt detta lyfter man fram den bit av tarmen som egentligen utgör blindtarmen (cecum). I detta fall kändes från insidan av tarmen hur ett antal maskar av tjocklek som blyertspennor krälade undan, med undantag av den mask som fastnat i det maskformiga bihanget och där, antagligen genom tryck på vävnad, orsakat en inflammatorisk reaktion. I detta kändes det som att enda korrekta var att tillkalla erfaren kollega och efter diskussion om hur detta skulle handläggas, beslöt vi att fortsätta operationen enligt plan, även om beslutet inte var omedelbart kristallklart, då det kunde finnas viss risk att mask skulle kunna spridas ut i fri bukhåla. Hur som helst, så gick det hela bra och lite senare skrevs remiss till infektionskliniken för behandling av masksjukdomen.

Som AT vid ortopedkliniken var man i mycket hög grad placerad som ensam läkare på akutmottagningen, vilket kunde vara nog så tufft och kanske inte helt optimalt ur inlärningssynpunkt. Viss kirurgisk träning, som exempelvis lårbensamputation, erbjöds dock under handledning.

*

Tiden som AT-läkare på Akademiska sjukhusets medicinklinik förlöpte under sex månader, med arbete på vårdavdelning och regelbunden dagjoursverksamhet. Att gå rond på en medicinavdelning är något helt annat än att göra det på en kirurgavdelning. Man kanske kan säga att ronden är invärtesmedicinarnas arbetsredskap, som tar en icke obetydlig del av dagen i anspråk. Att ronden tog ett antal timmar var inget konstigt.

Ronden på medicinkliniken brukade avslutas med en gemensam fikapaus, där det vankades smörgås med pålägg. Ofta bidrog patienter välvilligt till avdelningens kaffekassa. Under denna period infördes en nyordning, så att doktorerna gick rond på hela avdelningen, medan ett antal sköterskor fikade, därefter bytte sköterskorna plats, så att de som haft sin kaffepaus gick vidare med ronden. När alla patienter "rondats" hade då alla sköterskor, i motsats till de rondande doktorerna, haft sina kaffepauser och vi möttes av ett tämligen grisigt kafferum. Vi informerades då i fikarummet via nyuppsatta, men ack så tydliga, anslag om att någon form av kollektivt beslut tagits vid ett stormöte, enligt vilket de som har kaffepaus sist, städar efter ALLA andra. Detta resulterade i att vi som gått rond uppsökte ett annat kafferum, beläget i anslutning till de läkarexpeditioner, där var och en städade efter sig själv.

En av de saker jag ångrar från den här tiden är då jag skulle vara en av de två invärtesmedicinska nattjourerna på akutmottagningen. Det visade sig nämligen att den seniore medicinjouren inte dök upp, så jag fattade snabbt beslutet att arbeta för två. Det var givetvis tokigt av mig, jag borde ha ringt bakjouren (den mest seniore backupen och som fanns tillgänglig i hemmet). Beslutet var taget, så det var bara att jobba på. Tror inte jag ställde till med några tokigheter även om det inte var så kul att höra att den som skulle ha varit min jourkollega setts sjungandes ute på stan i anmärkningsvärt god och uppsluppen form. Han var mycket välkänd både för sin angenäma röst som många gånger ekat ut i universitetsaulan, liksom sin talangfulla sångförmåga, inte minst tillsammans med likasinnade.

Mitt mest distinkta minne av denna natt var när det var tomt på akuten någon gång vid 05-tiden på morgonen och jag hoppades på någon timmes sömn. Då dök en ung man upp på akuten och förklarade som anledning till besöket att han "inte fick sova". Efter att han fått svaret "inte jag heller", så tror jag faktiskt han tyckte mer synd om mig än sig själv. I vart fall, så gjorde ha en tämligen diskret sorti.

Sista anhalten i AT på Akademiska sjukhuset var psykiatri. Det var ingen station där man direkt överansträngde sig. Man kunde diskutera med några utvalda patienter och ibland var det lämpligt att ordinera antidepressiv medicinering. Ibland blev man kallad till akutmottagningen för att bedöma någon patient som begått ett självmordsförsök. Inte så sällan fanns ett behov av att ringa och diskutera vidare handläggning med mer erfaren kollega. Det vanliga svaret var att "...det är du som ser patienten, så du får avgöra". Ett intryck var att patienter ofta uteblev från uppföljande möte om de hade blivit rekommenderade att ändra livssituation. En personlig åsikt är att psykiatri är betydligt mer intressant i teorin än i praktiken.

Att vara psykiatrijour på Akademiska sjukhuset var ingen större belastning. Det förväntades att man på kvällen ringde runt och pratade med skötare på avdelningarna och dessa bekräftade att läget var under kontroll. Tidsandan var sådan att städpersonal vägrade bädda jourhavandes säng. Detta ledde till att professor Roos anmodade oss att 1. Bädda själva; 2. Sätta upp hela natten som arbetad tid, eftersom man ju inte hade någonstans att sova. Det blev rätt mycket jourkompensation under denna tid.

Elbehandling av bland annat svåra depressioner utfördes regelbundet. Patienterna sövdes av narkosläkare och elbehandling gavs av psykiater. Detta var en vanligt förekommande uppgift och det var fantastiskt att se hur snabbt förbättring inträdde. Inte bara depression kunde behandlas på detta sätt utan även förlossningsdepression och förlossningspsykos. Detta är en hemsk sjukdom som i sin värsta form kan orsaka mycket dramatiska självmord, något jag hade stiftat bekantskap med under tiden på rättsmedicin.

En nybliven mor kom på remiss till psykiatrin tillsammans med sin make. De hade i den initiala behandlingen fått råd att man skall prata om sina problem och diskutera sina misslyckanden, något som hade försämrat situationen ytterligare. Då de insåg att situationen var ohållbar resonerade man klokt nog som så att elbehandling i alla fall inte kunde göra saken värre. Det här var i en tidsperiod då psykiska sjukdomar generellt ifrågasattes och psykiatriska symptom ansågs vara sunda reaktioner på ett sjukt samhälle. Filmen "Gökboet" citerades av paret. Filmen var säkert välgjord, kanske just därför som den ställde till med en hel del skada. Hur som helst, efter några elbehandlingar var den unga modern som en ny människa och paret kunde i mycket gott skick bege sig hem.

En sorglig sak var att de patienter som kom under diagnosen KZ hade så låg status. Samtliga var överlevande från koncentrationsläger (KonZentrations-lager) och ansågs "jobbiga" då de tenderade att älta sina upplevelser om och om igen. Åter en sak att ångra är att jag inte bad att få vara medlyssnande även om jag antagligen inte kunnat göra någon större nytta för dessa så hårt drabbade medmänniskor.

Möjlighet gavs att arbeta extra på Akademiska sjukhusets Alkoholpoliklinik som var en kommunalt driven öppenvårdsmottagning för alkoholister som ännu inte sjunkit alltför djupt i sitt beroende. Det fanns möjlighet att ta blodprov med snabbt svar för att avgöra huruvida vederbörande var nykter eller inte. Nykterhet var nämligen ett krav för sjukskrivning. Man kan undra om inte arbete hade varit den bästa räddningsplankan, men så var praxis. Fascinerande på sitt sätt hur någon kan sitta och försäkra att han är helt nykter, något som möjligtvis, men inte helt säkert, motsades av en antydd alkoholdoft och sedan se helt obesvärad och allmänt oförstående ut vid konfrontation med resultat av blodprov som visade på 2–3 promille etanol, det vill säga en ganska stadig fylla.

Vid ett tillfälle gick vi som arbetade på Alkoholpolikliniken ut och åt på en enkel men trevlig liten restaurang. Kommunen ställde upp med ett tämligen generöst matbidrag på villkoret att ingen alkohol förekom. Lite förmyndaraktigt kanske i synen på de som hanterade konsekvenser av alkoholmissbruk. Problemet löstes dock snabbt och enkelt genom att dubbla notor begärdes; en nota för mat som redovisades till kommunen och en nota för alkohol som vi själva betalade. Stämningen var trevlig och det pratades glatt om allt möjligt. Människor är ofta finurliga då det gäller att hitta kryphål.

*

Min AT vid sjukhuset var slut efter denna placering och distrikts-AT vid Tierps vårdcentral väntade. Redan tidigt i utbildningen hade jag känt att det där med öppenvård inte riktigt var min grej. Tierp ligger 6 mil norr om Uppsala och patientutbudet var varierat med både akuta och planerade besök. Vårdcentralen var välfungerande och de flesta trivdes bra. Det kunde märkas att vårdcentralen hade några år på nacken, inte för att det var slitet, mycket var nytt och ombyggt, men en del av de gamla journalanteckningarna kunde vara spännande att läsa.

Särskilt minns jag en prydlig anteckning, skriven med riktig (n.b.) bläckpenna enligt följande: "Bråck. LA. Op enl. Bassini. Hem." Om tolkning behövs, så betyder LA lokalanestesi och Bassini hade introducerat den då klassiska operationsmetoden för ljumskbråck. Jag kommer inte ihåg åldern på denna anteckning, men uppskattar till 1940- eller 50-tal. De som då var provinsialläkare (föregångare till dagens distriktsläkare) var mycket välutbildade inom kirurgi och medicin, med normalt flera års lasarettsläkartjänst inom bägge disciplinerna.

En av de saker som väckte viss förundran på vårdcentralen i Tierp, var att en av distriktsläkarna, med gynekologisk profilering, utförde abrasio, så kallad skrapning av livmoderns insida, vilket dessutom skedde i narkos. Jag var vid något tillfälle med och kan väl lugnt säga att det var med viss förvåning som jag noterade hur vederbörande distriktsläkare injicerade ett antal intravenösa narkosmedel under motsvarande tidsrymd som det tog för ett litet timglas, avsett som tidtagare för äggkokning, att tömmas. När patienten sov, så vände han på timglaset och hade då motsvarande tid på sig att utföra själva skrapningen. Har inget minne av att syrgas gavs eller att någon särskild kontroll av luftväg sköttes.

Det hela kändes rätt äventyrligt, men personalen var nöjd eftersom kollegan ifråga ändå hade slutat att göra hysterektomier (bortopererande av livmoder) på Tierps vårdcentral. Det behöver väl knappast tilläggas att möjligheten att ta hand om komplikation i form av större blödning var närmast otänkbar då det inte fanns någon möjlighet till blodtransfusion på vårdcentralen. Operationen utfördes antagligen i ryggbedövning, men dessa ingrepp skedde några år innan min korta karriär som distriktsläkare, så den personliga erfarenheten runt detta saknas. Enligt vad som sades hade det i alla fall inte skett några misstag eller anmärkningsvärda komplikationer, men säkerhetsmarginalen var ändå mycket måttlig.

Av och till var man som AT-läkare nattjour på vårdcentralen, vilket inte brukade vara så betungande. Det kom några patienter under kvällen, men nattetid brukade det vara lugnt.

På den tiden fanns ett besynnerligt system för rabattering av medicin, nämligen att om samma läkare skrev ut flera recept till samma patient samma dag, så rabatterades alla läkemedlen. Eftersom många människor är framåt och påhittiga, så var det inte ovanligt att patienter dök upp med, inte bara sina egna tidigare recept, utan även släktingars recept och ville ha alla dessa utskrivna enligt ovanstående för att få maximal rabatt. Man kan väl säga att det inte var alla som var förstående för att man tackade nej till detta.

En annan källa till diskussion var ersättning för taxiresor. Regelverket var sådant att om patientens tillstånd motiverade taxi, så var det enkelt att fylla i en blankett där man angav att taxi var medicinskt påkallat. Taxichauffören fyllde i beloppet. Om det däremot var så att taxi var motiverat därför att allmänna kommunikationer saknades eller på annat sätt svåra att nyttja, så skulle patienten ta kvitto på taxiresan och sända detta till Försäkringskassan för att kostnaderna för resan på så sätt skulle ersättas. Kostnaderna för taxiresan kontrollerades och stämdes av mot vad som var motiverat med tanke på avstånd från hemmet till sjukvårdsinrättning. I de fall denna regel var tillämplig utbröt inte sällan diskussioner med patient, men framför allt med taxichaufför då ersättningen i dessa fall bestämdes av Försäkrings-kassan, som inte såg något behov av dricks. Visst kan gränsdragningar finnas, men det finns ingen anledning att medverka till onödigt slöseri av skattemedel.

*

Här kan det vara på sin plats att titta även utanför universitetets och sjukhusets väggar. En snabb blick på 1970-talet visar hur mycket samhället och världen förändras på ett halvt sekel.

Världen och Sverige gick i moll då decenniet inleddes. Flera trauman fanns i den tidsmässiga garderoben. Mordet på John F. Kennedy var, och lär förbli, olöst. Vietnam-kriget kastade en global skugga, 1968 års revolter levde kvar liksom Warszawapaktens invasion av dåvarande Tjeckoslovakien. Dåvarande statsministern Olof Palme var fortsatt engagerad i kampen mot Vietnam-kriget. 1976 fick Sverige efter en mycket lång era av socialdemokratiskt ledda regeringar en borgerlig regering, vilket enligt Marita Ulvskog, "kändes som en statskupp." Modefärgerna var brunt i olika kombinationer med orange och en tids-typisk och populär maträtt var ostgratinerad kassler med ananasskivor.

År 1970 hade Sverige nyligen fått två TV-kanaler, dessa två kanaler skulle konkurrera med varandra även om de tillhörde samma företag. Långt senare kom möjligheten att inköpa parabolantenn. 1987 förespråkade Maj Britt Theorin förbud mot privat innehav av parabolantenner, vilket dock aldrig var en officiell linje inom partiet hon tillhörde. TV-sändningar i färg inleddes 1 april 1970. Vid denna tidpunkt kostade en TV 4,000 kronor vilket idag, dryga tjugo år senare, ganska exakt motsvarar 39,000 kronor. Video Home System (VHS) infördes 1976 och spred mer allmänt några år senare, även om videobandspelarna ofta blev förknippade med videovåld och innehav av en dylik inte alltid var okontroversiellt.

År 1977 publicerade Dagens Nyheter en artikel där Sveriges justitie-minister (L. Geijer; 1969–1976), enligt en hemlig polispromemoria som rikspolischef Carl Persson skickat till statsminister Olof Palme 1976, misstänktes för köp av sexuella tjänster på en bordell under sin ämbetstid. Palme och Geijer dementerade allt som stod i artikeln, tillsammans med Hans Holmér, Ebbe Carlsson och Hans Dahlgren på Regeringskansliet. Åtminstone de två förstnämnda kom senare att ha framträdande roller vid utredningen av mordet på Palme. Dagens Nyheter godtog dementin och fick betala skadestånd. År 2007 begärde två av de utsatta flickorna, vilka under tiden för Geijeraffären var i 14-årsåldern, en miljon kronor vardera i skadestånd av den svenska staten. Justitiekanslern utredde skadeståndsfrågan men kom fram till att ärendet var preskriberat.

Koppleri var olagligt, men uppenbar prostitution i form av de så kallade poseringsateljéerna flödade under skiftet 1960- och 70-talet och fortsatte en bra bit in på 70-talet. Köp av sexuell tjänst förbjöds 1999. Under den fas av pandemin då stora delar av samhället stängdes ned, öppnade Kungliga biblioteket möjligheten att hemifrån läsa äldre tidningar digitalt, något som visade avslöjade hur tidsandan ur olika aspekter har förändrats, inte minst då det gällde annonser för posering. De stora dagstidningarna Dagens Nyheter, Expressen och Svenska Dagbladet hade helt olika syn på annonserna för posering. DN hade sida upp och sida ned med annonser, medan SvD föreföll ha vägrat dylika annonser, något som enligt vissa ansågs lite högfärdigt.

Tidningen Expressen hade den 30 maj 1972 en artikel om poseringsflickorna med rubrik: "Sjuksköterskor, lärare och ingenjörer sparar till villa och tryggad framtid". Expressen refererade till en undersökning från Stockholms universitet omfattande besök på 81 ateljéer och intervjuer med 69 poseringsmodeller. Sammanfattningsvis kan sägas att artikeln klart och tydligt menar att harmoni och välordnade arbetsförhållanden var kännetecknande för verksamheten. Enligt rapporten, så hade 93% frivilligt valt arbetet som poserings-modell. Undersökningen utfördes av Stockholms universitet och den intresserade kan i artikeln finna namnen på studiedeltagarna. Jag kan inte låta bli att undra hur många av dessa som har ovanstående rapport med i sin senaste CV.

I en massmedial diskussion om annonserna för posering anförde DN:s dåvarande vice VD, att om grannarna till poseringsateljéerna stördes, så berodde det på verksamheten, inte på annonserna, vilka var i enlighet med tryckfrihetsförordningen ...samt att...sexklubbarnas verksamhet inte var lagstridig. Dessutom påpekade DN:s dåvarande vice VD att: "...vi kommit rätt långt ifrån den viktorianska sexualuppfattningen".

Ovanstående kanske kan ses som ett visst häcklande, vilket inte varit avsikten, utan syftet är att visa på hur radikalt den berömda åsiktskorridoren kan ändra riktning under en, trots allt, överskådlig tidsperiod.

I egenskap av nybliven legitimerad läkare förväntas man påbörja specialistutbildning. Frågan var då om det skulle bli Rättsmedicin eller Anestesi och Intensivvård? I skiftet mellan 1970- och 80-talen var det mycket lätt att vikariera i olika specialiteter under någon kortare eller längre period i akt och mening att "känna sig för".

Återigen blev det ett vikariat vid Rättsmedicinska institution i Uppsala. Vid några tillfällen fick jag, tillsammans med polis, besöka fyndplatser, vilket är en något mer neutral beteckning än "brottsplats", begreppen behöver ju inte vara synonyma. "Mord" är en juridisk term som därför bör undvikas i detta sammanhang, så benämningen "död genom annans handaverkan" är mer sakligt korrekt. Några gånger fick jag handlägga dylika dödsfall och även uppträda i rätten som sakkunnig i rättsmedicinska frågor i allmänhet och gällande det specifika ärendet i synnerhet. Ett av dessa fall gällde en yngre kvinna som begick misstaget att följa med fel man hem för en privat efterfest. Hon hade svåra skallskador, vilka var lätta att dokumentera och påvisa i rätten via foton tagna under obduktionen. Den i sammanhanget misstänkte, och senare dömde, gärningsmannen tittade noggrant åt annat håll då dessa förevisades.

Vid ett tillfälle gällde det en kvinna som avlidit efter en trafikolycka där det visade sig att dödsorsaken var multipla revbensfrakturer med åtföljande blödning i lungsäcken. Här var två saker anmärkningsvärda: För det första så uppvisade mottagande AT-läkare en anmärkningsvärd passivitet inför vidare handläggning av ett svårt olycksfall. En självklar åtgärd borde givetvis ha varit att i detta läge begära hjälp av en mer erfaren kollega. För det andra så hade vederbörande AT-läkare vid ett flertal tillfällen under utbildningen agerat märkligt vid undersökning av yngre kvinnor och flera studierektorer hade försökt få personen ifråga avskild från fortsatt läkarutbildning, något som resulterade i anklagelse om rasism från kursledningens sida. Därmed fortsatte vederbörande sin läkarutbildning. Den sista terminen var gynekologi ett av huvudämnena och en av de tongivande gynekologerna kämpade hårt för att få denne person avstängd på grund av sitt uppförande. Återigen utkämpades en strid om lämpligheten som slutade med att vederbörande blev examinerad läkare och kunde därmed påbörja sin utbildning som AT-läkare. Tragiken runt detta blev inte mindre av att kvinnan ifråga var gift med den gynekolog som försökt få personen ifråga avstängd från utbildningen och att familjen var på väg till en skidsemester, då olyckan skedde. Inblandade personers vidare öden är för mig okända.

En, av många egendomliga händelser, som slutade på rättsmedicin var då ett par hade bestämt sig för att gemensamt begå självmord. Sannolikt var upprinnelsen till beslutet någon form av dyster kärlekshistoria. På den tiden var det inte ovanligt att människor begick självmord genom att leda in avgaser från bilen via en slang in i kupén. Detta var före katalysatorernas tid, så avgaserna var bemängda med, bland annat, den mycket giftiga gasen koloxid. Efter att paret styrkt sig med en del alkohol påbörjades tragedin, vilken blev än mer bedrövlig då mannen ifråga ångrade sig, klev ur bilen, men lät henne sitta kvar. I statistiken är hennes död registrerad som självmord, men det känns inte onaturligt att överväga om detta var del i en från hans sida, på förhand uppgjord, plan. Mig veterligt resulterade inte händelsen i något rättsligt efterspel.

Efter att ha haft oturen att på Rättsmedicin hantera några traumatiska dödsfall hos barn i samma ålder som mina egna, började jag till slut känna att måttet var rågat och att det var nog med ond bråd död.

Valet föll på Anestesi och Intensivvård och efter en tid så utlystes en tjänst som skulle leda fram till specialistkompetens. Arbetsordningen var tre år anestesi och intensivvård, sex månader kirurgi och sex månader invärtesmedicin. Sex veckolånga kurser var föreskrivna och av dessa var några utbildningar obligatoriska. Vi var två sökanden till denna tjänst. Den andre sökanden, om vilken jag enbart har positivt att säga, hade, i motsats till mig en nära släkting som var mycket högt uppsatt inom denna specialitet. Jag hade minst erfarenhet av oss två inom Anestesi och Intensivvård, men å andra sidan hade jag erfarenhet av flera års amanuenstjänst och även vikariat inom Rättsmedicin.

Meriterna vägdes mot varandra, men med tanke på att en utbildningstjänst som så småningom skulle leda fram till specialistkompetens ansågs basal, så vägde sammanlagd tjänstgöring tyngre än tid inom specialiteten. I och med att det således stod klart att jag skulle erbjudas tjänsten. Jag fick ett vänligt förmanande samtal från en äldre och betydligt mer erfaren kollega, med anmodan om att inte svara i min privata telefon förrän tjänsten var tillsatt. Anledningen till detta var att en potentat inom kliniken med stor sannolikhet skulle ringa och uppmana mig att dra tillbaka min ansökan till förmån för den medsökande. Eftersom jag inte svarade på något privat telefonsamtal under denna tid, så finns inget facit. I sammanhanget bör dock betonas att det finns ingen anledning anta att medsökanden kände till dessa tankar, ogrundade eller inte, och våra interkollegiala relationer alltid har varit de bästa.

Sakta men säkert ökade den kliniska kompetensen och jag blev mer och mer accepterad som jour. Narkossköterskor har ofta ett visst misstroende mot färska narkosläkare, ett misstroende som nog inte alltid är helt ogrundat. En gång i karriärens början blev jag inkallad på en operationssal, där en mycket erfaren och kompetent narkosskötare (L.L.) undrade hur en ojämn hjärtrytm som tydligt syntes på övervaknings-EKG skulle hanteras. Enklaste och ärligaste svaret var att erkänna min okunnighet, men att jag skulle fråga "äldre jouren" om råd. Narkosskötaren berättade då hur två mycket erfarna och kunniga kollegor med grundmurat förtroende på kliniken, brukade göra. Därefter kom frågan om det var OK för mig att göra på samma sätt som de brukade göra. Det var bara att tacka och bocka för instruktionerna och säga att det lät som ett utmärkt bra förslag. Givetvis löste sig allt till det bästa och EKG:t normaliserades inom kort och narkosen förlöpte komplikationsfritt. Senare insåg jag att detta sannolikt var ett prov på om jag vågade erkänna okunskap, men ändå skulle försöka reda upp situationen. Hur som helst, så fick jag under åren många värdefulla tips och goda råd av många duktiga narkossköterskor och, inte att förglömma(!), narkosundersköterskor.

Anestesi och Intensivvård är en uttalat akut specialitet. Man blir ofta kallad till olika akuta situationer, oberoende av om patienten är under kirurgisk, medicinsk vård eller om det gäller barn. Erfarenheterna av många olika urakuta situationer, ibland, men inte alltid, med lycklig utgång skulle snudd på kunna fylla en egen bok. I den underhållande boken *Säg aah--: Den konstiga konsten att vara läkare*, beskriver Rickard Fuchs schablonmässigt olika kategorier av läkare på ett humoristiskt sätt, dock med åtskilliga korn av sanning. För narkosläkare gäller att vi kommer instörtande i de mest akuta situationerna för att agera aktivt, frenetiskt, koncentrerat och gärna ta kommando över situationen. Den inte helt felaktiga sammanfattningen lyder: "Narkosläkaren lever upp, när någon annan håller på att dö".

Att i dylika situationer göra allt korrekt kan vara, för att uttrycka sig försiktigt. "en utmaning". Det är fler än någon enstaka kollega som i en dramatisk situation kunde ha agerat annorlunda och som i efterhand kritiserats av Hälso- och sjukvårdens ansvarsnämnd. För att vara lite ironisk kan konstateras att kritik som gäller agerandet i en plötsligt uppkommen svårbemästrad situation kan formuleras som att: "Nämnden, bestående av tre ledamöter, har efter två och ett halvt års betänkande, kommit fram till att Dr. NN, efter de trettio sekunders betänketid som stod till buds, inte agerade optimalt".

*

Geografiskt så var operationsavdelningarna utspridda i olika delar av Akademiska sjukhuset. Vanligtvis låg respektive operationsavdelning i anslutning till "sina" vårdavdelningar, något som underlättade dagtid, men kunde vara något tidsödande under jourtid. Man hade 44 arbetstimmar per vecka, men lön för 40 timmar, så var 11:e vecka var ledig enligt schemat. Som läkare förutsattes man äta lunch i sjukhusmatsalen, vilket gav goda tillfällen till trevliga och lärorika interkollegiala diskussioner. Flera år senare togs den praktiska möjligheten att lämna operationsavdelningen för att äta lunch bort, så man fick äta medhavd lunch i fikarummet med konsekvensen att lunchen ofta stördes av ett antal olika arbetsuppgifter. Det påstods att detta var resultat av en överenskommelse mellan arbetsledning och fack, men ingen lyckades någonsin återfinna det papper där överenskommelsen skulle vara nedtecknad.

Arbetet skilde sig givetvis en hel del från nutida rutiner och förutsättningar. De injektionssprutor och nålar som användes för olika bedövningar var gjorda i glas respektive metall. Efter användning rengjordes och steriliserades de av personal på Sterilcentralen. Journaler och övriga dokument var i pappersformat. Preoperativa anestesiologiska bedömningar gjordes på en förtryckt blankett och om det inte var något särskilt som behövde åtgärdas, så gick bedömningarna i allmänhet ganska snabbt och enkelt. Kompletterande undersökningar innan en patient accepterades för anestesi och operation gjordes endast i undantagsfall. Den egna bedömningen av patientens allmäntillstånd var oftast fullt tillräcklig. Ytterligare undersökningar "för säkerhets skull" gjordes sällan.

Den administrativa delen av arbetet kan enklast beskrivas som tämligen obyråkratisk. Ett exempel på detta var när det vid ett tillfälle diskuterades om inkomna och besvarade remisser skulle sparas på gemensam plats. Lite olika rutiner fanns och docent Ulf Hedstrand, dåvarande chefen för intensivvårdsavdelningen (70G) tillfrågades hur han brukade göra med kopior av besvarade remisser. Ulf skrattade kort och svarade: "jag slänger dem". Här kan nämnas att Ulf var en befriande obyråkratisk, strålande duktig kliniker om än ibland något disträ. Ulf var också en utomordentligt prestigefri och vänlig person.

Ulf hade även en enastående förmåga till okonventionellt tänkande. Vid ett tillfälle låg en extremt överviktig patient på intensivvårdsavdelningen och man önskade en datortomografi av patienten, vilket tyvärr inte gick att genomföra på grund av patientens kroppsvolym. Ulf lät sig inte nedslås. Han ringde till det närbelägna djursjukhuset Ultuna och frågade om de hade en datortomograf för hästar dit man kunde transportera patienten för undersökning. Tyvärr fanns inte någon dylik, men hans ambition och påhittighet var det inget fel på.

Vid ett tillfälle berättade Ulf för ett stort antal kollegor om en svårt sjuk respiratorbunden patient med syrsättningssvårigheter och hur han planerat optimal behandling genom använda två respiratorer samtidigt då patienten hade olika sjukdomar i höger respektive vänster lunga. Den anestesiologiskt initierade förstår att detta kunde göras via en så kallad dubbellumentub. Den ena respiratorn skulle ställas in med stora andetag och låg andningsfrekvens och den andra med små andetag och hög andningsfrekvens. Dagen därpå berättade Ulf, glad i hågen, för samlade kollegor, att patienten mådde mycket bättre och gjorde stora framsteg i allmäntillstånd, så det värsta var nu över. Därefter tillade han med ett skratt att han dessvärre kopplat respiratorerna tvärtemot vad han tänkt, så lungornas ventilation blev rakt motsatt mot avsikten, men att slutresultatet ändå blev lyckat.

Vi var många som beundrade Ulfs frihet från prestige och bekymmer om sitt renommé och anseende och i stället kunde lyfta fram och fritt diskutera något som egentligen var ett misstag. De beundransvärda egenskaperna i Ulfs öppenhet och ärlighet medförde att många av oss öppet vågade diskutera våra motgångar och att lära oss genom dessa. En annan konsekvens var att om något tokigt hade hänt, så var Ulf rätt person att diskutera saken med. Kort och gott — Ulf var en av de mest kunniga, vänliga och allmänt imponerande personer jag haft äran att träffa.

En annan mycket kunnig och sympatisk kollega, Sören Englesson, konstruerade någon gång under tidigt 1980-tal en egen respirator i första hand för narkosbruk, den så kallade "Sörens bubbla". I yttersta korthet bestod den av en sluten plastcylinder där botten kunde justeras för att anpassas efter patientens vikt och därmed andetagens storlek. Inuti den slutna cylindern hängde en gummiballong som fylldes med narkosgas och som tömdes genom att tryckluft styrdes in i cylindern, så att gasen (via ett Mapleson D-system för den intresserade) distribuerades till den intuberade patienten.

Uppfinningen var nog lika enkel som genialisk, men låg inte rätt i tiden, då man succesivt och i allt högre grad eftersträvade lågflödes-anestesi. Dessutom saknade "Bubblan" om jag minns rätt, alla former av larm, något som var i enlighet med Sörens filosofi. Han ville att man skulle ha ögonen på utrustningen och på patienten, något som underlättades av att exempelvis blodtrycksmätning, vilket normalt utfördes var femte minut, gjordes manuellt. I och med den utveckling som skett inom elektronik och IT, så har automatiken tagit över, till stor del, på bekostnad av ögonkontakt, manuell blodtrycksmätning och förmåga till manuell ventilation. Färdigheter, vilka ersatts med ena-stående och tidigare oanade, möjligheter att låta automatik styra och att fokusera på en skärm i stället för på patienten.

Sören var även en framåtblickande man. Under tidigt 1980-tal, informerade och varnade han, i egenskap av skyddsombud vid kliniken, om den nya smittsamma sjukdom som börjat sprida sig i vissa kretsar i San Francisco. Jag kommer än idag ihåg att jag tyckte att Sören nu hade fått fnatt och att det här under inga omständigheter skulle kunna påverka oss i vår trygga lilla ankdamm, Sverige. Det dröjde inte så länge innan Sverige fått sina första fall av AIDS, så framtiden utvisade vem av oss som fick rätt.

*

Normalt så var man minst två anestesiologer per operationsavdelning, varav en i princip alltid var specialist. Under en av mina placeringar på gynekologiska operationsavdelningen insjuknade den äldre kollegan och någon ersättare fanns inte att tillgå. Det blev lite stressigt av och till med såväl planerade som akuta kejsarsnitt, förlossningsepiduraler, stor tumörkirurgi med mera. Tack vare smidiga rutiner och duktiga narkossköterskor som kunde arbeta självständigt och effektivt, löpte denna period utan några incidenter.

Ett fall av misstänkt, dock ej bekräftad, malign hypertermi inträffade i samband med ett akut kejsarsnitt, men avlöpte utan allvarliga komplikationer. Malign hypertermi är en extremt sällsynt men mycket allvarlig komplikation som kan utlösas av vissa anestesiologiska farmaka hos vissa genetiskt predisponerade individer, framför allt i samband med stressituationer. En snabbt stigande kroppstemperatur är typisk för tillståndet. Omedelbar behandling är nödvändig.

*

Placeringen på barnoperation var mycket bra och givande även om man idag kan sätta frågetecken för vissa av de rutiner som användes. Efter att ha blivit lite varm i kläderna på barnanestesin, så fick man under handledning söva mycket små, ibland helt nyfödda barn. Så småningom ökade självständigheten och man förväntades självständigt kunna söva även mycket små barn med akuta kirurgiska sjukdomar.

Intravenös smärtstillning var förbjudet med motivation att barnen skulle väckas efter att operationen var klar och det då fanns risk för andningsdepression. Narkosen baserades på intravenös injektion med kortverkande barbiturat, muskelrelaxation samt syrgas/lustgas. Det kunde hända att barnen tittade upp under pågående operation, tuggade på tuben som distribuerade gas från narkosapparaten ned i lungorna. Vad man då brukade göra, var att koppla loss den mekaniska ventilationen och i stället handventilera med hög frekvens, vilket vanligtvis ledde till att barnet somnade om. Senare förbättrades rutinerna och kvalificerad smärtstillning är numera självklar även på små barn.

*

Rutinerna på barnanestesin skilde sig en hel del från de på öron- och plastikoperation, där narkoserna var baserade på inhalationsanestetika ("gasnarkos") i helt annan omfattning. Narkosinduktion gjordes regelmässigt med syrgas/lustgas och efter en stund smög man in Fluothane, en narkosgas med uttalat sömngivande egenskap. Det hela var ganska hantverksmässigt och krävde viss träning för att det skulle kunna utföras elegant, utan protester, hosta och med bibehållen säkerställd fri luftväg.

Vid plastikkirurgiska kliniken opererades bland annat barn med läpp- käk- gomspalt. Vissa av dessa ingrepp gjordes då barnen var tre månader gamla. Att dessa narkoser kunde vara en utmaning är en påtagligt försiktig beskrivning. Det tog rätt lång tid innan man fick börja handlägga dessa små patienter självständigt. Handhavandet krävde koncentration och gott samspel med operatör. En av plastikkirurgerna, tillika konstnär, tecknade och färglade ofta i pappersjournalen som förtydligande till sin operationsberättelse.

En annan händelse var när det infann sig ett akutfall på plastikkirurgiska kliniken i form av en ung man som slipat och där sliptrissan lossnade, for i väg och träffade honom över munnen och delade tungan i två rejält blödande halvor. Det är svårt att inte associera till uttrycket att tala med kluven tunga, det var bokstavligen talat vad det var fråga om. Som icke-specialist insåg jag att det var ett fall för en senior kollega och bad att den som var specialist på avdelningen skulle komma och bistå. Efter att ha väntat förgäves ett tag, så insåg jag att det var dags att handla då andningen blev mer och mer påverkad. Vi sövde, men muskelrelaxerade inte patienten.

Den som kan något om intubation vet att man för ned laryngoskopbladet i kroppens längs. riktning, men här fick jag vinkla bladet, närmast på diagonalen för att kunna lyfta bägge tunghalvorna och därefter intubera. Patienten överfördes efter operation, med suturering av tungan, i sövt tillstånd till intensivvårdsavdelningen där han vårdades över natten. Följande morgon föreföll allt stabilt, så någon snilleblixt drog ut tuben som säkrade lufttillförsel, för att möjliggöra flytt till vanlig vårdavdelning. Till och med en gröngöling som jag hade kunnat säga att tungan var så svullen att luftvägen blockerades totalt. Tack och lov fanns dristig kollega som snabbt kunde utföra en trakeostomi (öppning på halsens framsida) och härigenom skapa fri luftväg.

Långt senare fick jag förklaringen till varför min äldre kollega på öron- och plastikanestesin inte dök upp när han behövdes som bäst. Vederbörande var nämligen känd för att försvinna in på toaletten och låsa ordentligt om sig då akuta situationer uppstod. Detta beteende dokumenterades faktiskt skriftligt(!) i ett sakkunnigutlåtande åtskilliga år senare då vi, bland flera andra, konkurrerade om en högre tjänst.

I sammanhanget förtjänar det att påpekas att pulsoxymetri, som idag är en lika självklar som enkel monitorering för att ha kontroll på patientens syresättning inte fanns i kliniskt bruk. Syrsättning bedömdes framför allt genom patientens färg i ansikte och nagelbädd. Anestesidjup, cirkulation och respiration bedömdes kliniskt genom kontroll och övervakning av patienten och inte genom att titta på apparater. Jag påstår inte att monitorering är fel, men man måste ha klart för sig att apparaterna är hjälpmedel som, förhoppningsvis korrekt, reflekterar det kliniska tillståndet. Är patienten blå i ansiktet, så är det hög tid att agera snabbt och effektivt även om en apparat inte larmar. Omvänt, vilket är vanligare, så är en rosig, torr och stabil patient i gott skick, vilket givetvis bör kontrolleras extra noggrant även om en apparat larmar. Frågan är om inte monitoreringen i viss mån lett till en övertro på apparater som negativt gått ut över den kliniska blicken.

*

Min första kontakt med thoraxanestesin inleddes med att jag inte hittade mitt namn på anestesi- och intensivvårdsklinikens nyutkomna placeringsschema. Efter en stunds letande, visade det sig att jag, tvärsemot det informella regelverket, placerats på thoraxanestesin i egenskap av icke ens i närheten av specialistkompetent. Arbetstiden var där 48 timmar per vecka. Var 11:e vecka var man ledig och det var ett lönepåslag motsvarande 4 timmar.

Det var då bara att glad i hågen infinna sig en måndag morgon för introduktion i denna tämligen högspecialiserade form av anestesi. Den äldre kollega som skulle sköta introduktionen av narkos med användning av hjärt- och lungmaskin, gjorde detta genom att injicera höga doser av ett långverkande, kraftigt smärtstillande och andningsdeprimerande läkemedel tillsammans med ett långverkande muskelavslappande läkemedel (Lealgin respektive Pavulon; bägge dessa medel är numera ersatta av mer kortverkande preparat). Därefter gick han ut. På något sätt gick allt bra, men det var till stor del tack vare andra och mer förstående kollegor och med största sannolikhet även en erfaren och kunnig narkossköterska.

I placeringen ingick även jourarbete som på den tiden var tämligen lindrigt på thorax, även om reoperationer kunde vara minst sagt akuta och livsviktiga. Vid ett sådant tillfälle, blödde patienten från ett insytt kärl på hjärtats baksida. Återigen var det bara att erkänna bristande erfarenhet och ringa bakjouren (för övrigt samme kollega som skötte min så kallade introduktion inom thoraxanestesin) som till tonerna av TV-såpan "Dallas" lugnt meddelade att man kommer att lyfta på hjärtat och försöka stoppa blödningen, men då systoliska blodtrycket går under 50 mm Hg, så säger du till kirurgerna att lägga ned hjärtat, så trycket får återhämta sig. Samtalet avslutades med ett glatt: "det där fixar du, hej". Ja, det fixade sig faktiskt, men marginalerna var inte alltid de bästa.

Det kan vara på sin plats att berätta lite om hur utvecklingen av kranskärlskirurgi gick till. Patienterna var svårt sjuka i allvarlig hjärtsjukdom och planen var att man med en ven (blodåder), taget från underbenets insida, skulle kunna sy in detta friska kärl, så att blod kunde passera den vägen i stället för genom det lokalt förträngda kranskärlet i hjärtat. Tanken var korrekt och principen fungerar fortfarande, men de praktiska problemen var stora. Dödligheten var hög, särskilt i inlärningsfasen av detta nya ingrepp. Många dog i samband med kirurgin eller kort tid efter ingreppet, men operationsmetoderna förfinades och dödligheten sjönk successivt. Det mesta av detta utspelades före min tid på thorax, men ingreppet var fortfarande förenat med betydande fara och selektionen av patienter gjordes noggrant.

Det var inte alla inblandade som klarade den påfrestning som var förenad med dessa ingrepp utan sökte sig till alkohol. Flera år efter att jag avslutat mina placeringar på thorax fick jag förklarat att den kollega som föredrog Dallas på TV var känd för att på så sätt söka tröst, även då vederbörande var i tjänst. Idag är kranskärlskirurgi något av ett standardingrepp och säkerheten har förbättrats avsevärt.

Det var inte enbart kranskärlskirurgi som utfördes på thoraxoperation utan även många andra typer av ingrepp, som byte av hjärtklaffar, lungkirurgi och cancer i matstrupe. Vid ett tillfälle skulle man ta bort en metastas i en lunga, men begick misstaget att vända fel sida upp, så man öppnade på den friska sidan. Det hela upptäcktes och efter avslutat ingrepp, denna gång på rätt sida, så skulle patienten informeras om det inträffade. Enligt vad som sagts så bestämde man att informationen skulle framföras så skonsamt som möjligt, så man berättade kort och gott att man även hade tittat efter på den andra lungan, som såg bra ut. Därefter var alla glada och nöjda. Många av de thoraxkirurgiska ingreppen görs nu med betydligt mindre risk tack vare framsteg inom såväl laparoskopisk kirurgi ("titthål") som genom utveckling inom röntgenspecialiteten med dess ökade förmåga till terapeutisk intervention.

Samspelet mellan narkosläkare och operatörer var generellt mycket gott och det förelåg en ömsesidig ambition att driva igenom dagens operationsprogram på bästa sätt och det fanns en god allmän medvetenhet och ambition om tidseffektivitet och resursutnyttjande.

Från allmänkirurgiskt håll framfördes önskan om att narkosläkarna skulle börja arbetsdagen 07.30 i stället för 07.45 som då var fallet. Detta förslag bekämpades med stor frenesi av en narkoskollega som livligt anförde vikten av att kunna lämna sina barn på dagis och betydelsen av detta för familjesituation och i förlängningen även för arbetsinsatsen. Senare fick vederbörande kollega en mer prominent administrativ befattning. Detta i kombination med att vederbörandes egna barn hade vuxit till sig och inte längre behövde lämnas på dagis, medförde att kollegans förutsättningar hade förändrats och därmed drevs det drevs snabbt och effektivt igenom att narkosläkarnas arbetsdag skulle tidigareläggas med 15 minuter för att möjliggöra tidigare operationsstarter.

*

En stor del av arbetsinsatsen inom anestesi och intensivvård utförs på jourtid. Under den här perioden, tidigt 1980-tal, så var det två primärjourer, en "äldre" och en "yngre", samt en bakjour. Som jour hade man ansvar både för intensivvårdsavdelningen och anestesin på hela sjukhuset, förutom thorax, som hade egen jourlinje. Bakjouren, den mest seniora, var i tjänst en vecka i sträck. Kirurgkliniken hade motsvarande jourbemanning. Bakjourernas främsta uppgift var att under helger upprätthålla kontinuitet på intensivvårdsavdelningen. Bakjouren kontaktades ytterst sällan nattetid. I början av min specialistutbildning kunde "äldre jouren" vara ganska grön själv. Ofta kunde det noteras att oerfaren "äldre jour" var kombinerad med yngre och mer aktivt inriktad bakjour, dock i princip aldrig med den schemaläggare som själv ingick i bakjouren. Var primärjourerna någorlunda jämbördiga, så var det vanligt att man delade natten, så att bägge fick sova några timmar. Bägge primärjourerna arbetade som vanligt dag före jour. Den yngre gick direkt hem på morgonen medan den äldre stannade några timmar och hjälpte till att starta morgonens operationsprogram.

Akuta neurokirurgiska ingrepp förekom, men var relativt sällsynta på jourtid. De blev mer vanliga, när det fanns en sjukhusbunden neurokirurgisk jour. Om primärjouren på neurokirurgen var oerfaren och inte opererade självständigt gjordes få ingrepp på jourtid, detsamma gällde om primärjouren var erfaren och föredrog att sova. Neurokirurgisk "mittemellan"-jour, som nyligen självständigt börjat utföra en del ingrepp, exempelvis subduralhematom (blödning under den hårda hjärnhinnan) hade en egenartad förmåga att hitta patienter som behövde opereras akut. Vanligtvis gällde detta ingrepp som vederbörande själv kunde utföra.

*

Det berättades anekdotiskt om den tiden då det fanns en enda neurokirurg i Sverige och att vederbörande därmed var neurokirurgisk jour året runt för hela landet. Det hände givetvis att kollegor av och till kunde ringa vederbörande i hemmet och be om råd. Detta gällde även nattetid. I första hand svarade då familjens hushållerska och i de tämligen sällsynta fall hon inte med flerårig erfarenhet kunde ge råd, så väcktes hustrun. I det fåtal kvarvarande fall då varken hushållerska eller hustru kunde svara, så väcktes professorn som för övrigt var känd för ett extremt koleriskt humör, något som inte var unikt bland den tidens kirurger. Denne neurokirurg hade i likhet med praktiskt taget alla sedermera subspecialiserade kirurger under drygt första halvan av 1900-talet en mycket omfattande bakgrund som allmänkirurger och därmed en mycket bred kirurgisk kompetens.

I Uppsala styrdes neurokirurgiska kliniken av professor Einar Bohm, en socialt talangfull och, vilket inte så få fick erfara, även mycket temperamentsfull herre. Vi hade klädskåp mycket nära varandra i den neurokirurgiska klinikens omklädningsrum. Det slumpade sig så att jag höll på att klä om efter dagens slut när Einar Bohm hade gjort sin sista arbetsdag innan han pensionerades. Han kom in, redan omklädd, öppnade skåpet och tömde det lilla som fanns där varefter han rev ned namnlappen "Professor E. Bohm" och muttrade för sig själv: "Det var det, det". Känslan blev inte mindre magisk av att han nog inte noterade min närvaro. Min personliga upplevelse av detta, var att en epok gick i graven.

*

Jourverksamheten omfattade givetvis även helger. Ett av de mer tråkiga uppdragen var att reda upp bortfall av personal på grund av akut sjukdom eller andra särskilda omständigheter. Bakjouren kunde tvångskommendera men ofta försökte man med lock och pock få någon att arbeta ett extra pass.

Vid ett tillfälle saknades det dagtid en narkossköterska en helg och jag fick av bakjouren i uppdrag att förhandla med en av de två tjänstgörande narkossköterskorna om hon kunde stanna och arbeta ett extra pass, något som hon av olika anledningar hade svårt att genomföra. Efter förnyad diskussion med bakjouren Gerda, så enades vi om att jag skulle framföra budet "dubbel övertidsersättning", vilket innebar fyrdubbel kompensation per arbetad timme. Budet accepterades av både sköterskan och bakjouren efter ordentlig diskussion och arbetspasset förlöpte smärtfritt. Så småningom kom sköterskan med sin tidrapport och ville ha vidimerat för den extra ersättningen. Gerda såg tidrapporten, slog bakut och förklarade att hon inte alls hade förstått att det var fråga om så hög ersättning och vägrade därför att underteckna densamma. Narkossköterskan kände sig med rätta, lurad. Vad göra? Mot alla riktlinjer och regelverk undertecknade jag tidrapporten som därefter försvann in i den administrativa världen och ersättningen utbetalades av någon som sannolikt inte visste vem som undertecknat. I slutändan blev vederbörande sköterska nöjd över att överenskommelsen trots allt fungerat, vilket var det viktigaste i min värld.

Under kvällen brukade jourhavande inom olika specialiteter samlas i sjukhusmatsalen för en matbit och lite informella diskussioner. Visserligen var någon av och till upptagen, men oftast samlades de flesta jourerna där och det gick vanligtvis smidigt att få till stånd någon form av preliminärt operationsprogram för den kommande kvällen och natten.

*

Det kan nu vara hög tid att berätta lite om vad en narkosläkare, eller anestesiolog som det också heter, egentligen gör för något. I Sverige och flera nordiska länder är anestesi och intensivvård, av historiska skäl, samma specialitet. I andra länder förekommer andra kombinationer av specialiteter.

Beroende på hur stort sjukhus man arbetar på och beroende på hur arbetet är organiserat så arbetar man med både anestesi, det vill säga bedövningar, sövning och väckning, och intensivvård. På flera sjukhus finns ett visst mått av subspecialisering visavi antingen anestesi eller intensivvård. Detta gäller framför allt de mer seniora kollegorna. Vissa narkosläkare fokuserar enbart på smärtbehandling på särskilda smärtkliniker.

En vanlig arbetsdag för en narkosläkare som arbetar på "operation" kan omfatta preoperativa bedömningar av patienter som ska opereras följande dag, bedövningar, sövningar och väckningar. Många kirurgiska ingrepp görs inte i narkos utan patienten erhåller smärtstillning med någon form av mer kvalificerad bedövning, exempel på detta är "ryggbedövning" (spinal eller epidural) liksom plexusblockad (bedövning av en arm). Patienterna är då inte under narkos, men får oftast lugnande medel intravenöst för att kunna småslumra under operationen.

Inför vissa större ingrepp, speciellt större kirurgi, kan man kombinera en epidural med narkos. I vissa fall lägger man även även central venkateter som går från en av halsens vener ner till övre hålvenen, strax ovanför hjärtats högra förmak. Detta görs för att säkerställa infusionsväg, liksom för att kunna monitorera blodtrycket i höger förmak, vilket avspeglar grad av eventuell över- eller undervätskning. Speciellt vid operationer med förväntade stora blödningar är detta mycket värdefullt för att kunna styra substitution av blod, plasma och klara vätskor. Som en naturlig del i detta ingår säkerställa adekvat njurfunktion liksom att styra handläggningen av eventuella komplicerande sjukdomar som exempelvis lungsjukdom, diabetes, högt blodtryck, hjärtarytmier (ojämn rytm) och en lång rad andra tillstånd, allt syftande till att inget organ ska ta skada under operationen.

Beroende på patientens tillstånd och operationens art, kan samspelet mellan narkosläkare och narkossköterska givetvis variera betydligt. Man kan i korthet beskriva det som att narkosläkaren och narkossköterska optimerar förutsättningarna för ett lyckat kirurgiskt ingrepp och därmed snabb återhämtning. Det finns en stor arsenal av läkemedel att ta till om en patientens vitala funktioner börjar svikta under en operation. Bland arbetsuppgifterna ingår också att hålla ett öga på patienterna som redan har opererats och befinner sig på uppvakningsavdelningen.

Som narkosläkare har man inga "egna" patienter. Det är en osedvanligt jourtung specialitet men å andra sidan behöver man i princip aldrig hålla kontakt med olika myndigheter och andra aktörer utanför sjukhuset. När en patient väl lämnat intensivvårdsavdelningen eller uppvakningsavdelningen så ses vi sannolikt inte igen.

*

Under denna tidsperiod utvecklades transplantationsverksamheten mer och mer och därmed även organtagning, något som under denna period praktiskt taget enbart gällde njurar. Detta var då det officiella dödsbegreppet var hjärtdöd och inte som idag hjärndöd. Detta hade stor betydelse för det praktiska agerandet vid organtagning.

Först skulle oåterkalleligt bortfall av hjärnans funktion konstateras, något som då liksom nu, kan göras antingen kliniskt eller med hjälp av kontraströntgen av hjärnans blodflöde. Vidare hade man en diskussion med anhöriga i frågan. Efter detta togs beslut om organtagning, blodprover för immunologiska analyser togs och en hel del praktiska förberedelser utfördes. När det så småningom blev dags för organtagning, så rullades patienten in på operationssal under pågående ventilation ("konstgjord andning"). Operatörerna var tvättade och omklädda till operationsmundering och steriltvätt av operationsområdet utfördes. EKG kopplades inte eftersom hjärtats elektriska aktivitet kan finnas kvar och synas på EKG även efter att hjärtats pumpförmåga försvunnit.

Arrangemanget syftade till att, så långt möjligt, förkorta den tid som njurarna var utan blodförsörjning, den så kallade varma ischemi-tiden. Detta med tanke på strävan efter att, så långt möjligt, bibehålla organens kvalitet och funktion, i avsikt att komma mottagaren till godo. Då allt var klart och förberett, så stängdes respiratorn och ansvarig narkosläkare var den ende som kände på pulsen och, då pulsen försvann, gav klartecken att patienten var död och att organtagning kunde påbörjas. Operatörerna gjorde sitt bästa för att få ut njurarna så fort som möjligt, vilket var på viss bekostnad av det estetiska. Då dessa var ute, påbörjades kylning via genomspolning av njurarna med "iskalla" vätskor, vilket medförde att den kritiska tiden till kvalitetsförsämring beroende på syrgasbrist radikalt minskade.

I och med att transplantationsverksamheten utvecklades, så började etiken runt denna verksamhet att debatteras intensivt. Berättigad kritik kan riktas mot en hel del i den tidiga transplantationsverksamheten. Då lagen inte krävde anhörigas samtycke, så var det många anhöriga som inte hade informerats om att organtagning hade utförts och, helt naturligt, hade svårt att acceptera att organ tagits från deras närstående utan underrättelse. Diskussionens vågor runt hjärndöd, transplantation och organtagning gick höga och åsikterna gick vitt isär. Det framhölls bland annat i debatten att "...transplantationer från hjärndöda skulle verka "förråande på läkare och sjukhuspersonal" och riskera att brutalisera synsätten".

År 1988 infördes begreppet hjärndöd som officiellt dödsbegrepp, vilket medförde att organ kunde tas under pågående fortsatt bibehållen hjärtverksamhet tack vare fortsatt konstgjord andning via respirator. Fördelarna var flera; kvaliteten på de uttagna organen kunde förbättras genom kortare ischemi-tid (tid utan genomblödning och därmed tid utan syretillförsel), förutsättningarna för att ta fler organ ökade, liksom att det operationstekniska handhavandet blev mindre stressigt och kunde därmed ske under mer kontrollerade former.

Idag råder koncensus runt hjärndöd och organtagning. Ett problem kan sägas vara att det gäller att pedagogiskt förklara för anhöriga att en hjärndöd person verkligen är, och förblir, död, men ändå kan vara varm och rosig i hyn tack vare bland annat ventilation via respirator och att behandlingen därför kommer att avslutas oavsett eventuell organtagning eller ej.

Ett negativt minne avseende organtagning härrör från en njurtagning som gjordes enligt konstens alla regler och i samråd med patientens dotter som var sjuksköterska. Allt förlöpte väl runt ingreppet, men efter någon vecka ringde dottern och ville diskutera njurtagningen, vilket arrangerades som ett personligt möte. Det framkom att hon tyckte situationen var påfrestande därför att hon rent professionellt förstod att beslutet var korrekt och att njurarna kunde komma någon annan till godo. Problemet var i stället att "goda vänner" påstod att njurtagning var något som läkare sysslade med i form av någon privat experimentell verksamhet och att om hon bara hade nekat njurtagning, så hade fadern snart tillfrisknat och kunnat åka hem. Var påståendet ett resultat av elakhet, misstänksamhet, okunnighet eller "goda vänners" försök att ge intryck av att besitta någon form av kunskap i frågan? Kommer aldrig att få svar. Hoppas och tror att vår diskussion var till nytta i sorgen.

*

Det röktes mycket och ofta i samhället på den här tiden och sjukhusvärlden var inget undantag. Såväl vårdavdelningar som operationsavdelningar hade rökrum. Gynekologiska operationsavdelningen hade på den tiden ett stort kök som tjänade som allmänt rökrum för hela kliniken. Detta kök låg omedelbart vid entrén, så patienterna rullades i sina sjukhussängar genom denna Lützen-dimma vidare in på respektive operationssal. Akademiska sjukhusets Centraloperation hade ett rökrum som var lätt att hitta, inte bara på lukten, utan även på den gulbruna missfärgningen av linoleummattan som fanns utanför rökrummet. Sakta men säkert tonade missfärgningen i golvet, för att så småningom försvinna.

Även lungklinikens avdelningar hade sina rökrum, dit de som inte längre orkade gå kunde bli skjutsade, eventuellt liggande i sängen, för att ta sig några bloss. Om ansiktsfärgen var grå-grönaktig innan besöket i rökrummet, så accentuerades detta, ofta med inslag av en mörkblå färg mot slutet av besöket i rökrummet. Lungläkarna var vanligen mycket negativa till besöken i rökrummet, något jag hade svårt att förstå, då dessa patienter, oftast till följd av långvarig rökning, ändå hade en mycket kort förväntad fortsatt levnad, utan andra glädjeämnen än några bloss i rökrummet.

Ett märkligt faktum var att även kärlkirurgerna i stor utsträckning rökte. De, om några, såg ju konsekvenserna av rökning, i form av förträngda blodkärl och medföljande syrebrist, framförallt i benen, lika väl som kraftig överrepresentation av aortaaneurysm. Undersökningsrummet på den kärlkirurgiska vårdavdelningen kännetecknades bland annat av en överfylld askkopp, närmast påminnande om en pyramid.

*

Tyvärr förekom incidenter av missbruk, framför allt bland narkospersonal, av och till under hela min tjänstgöring, så denna beskrivning sträcker sig över ett antal år och händelser. Det har förvisso blivit bättre, men helt bra är det tveksamt om det någonsin blir. Man kan alltid fråga sig om det ligger något i den personlighet som söker sig till specialiteten; tillgängligheten eller kombinationen. Frekventa dramatiska och stressiga arbetssituationer, bokstavligen talat på "liv och död" kan kanske förklara vissas behov av verklighetsflykt. Närhet till narkotika finns förvisso, men å andra sidan så har även alkohol missbrukats.

Ärligt talat vet jag inte om morgonens firande av Lucia på Centraloperation på Akademiska sjukhuset skall gå under beteckningen "missbruk" eftersom det var så accepterat. I vart fall inleddes Luciafirandet i arla morgonstunden med en generöst tilltagen och garanterat icke alkoholfri glögg. Som ovan nämnts, så var rökning accepterat och många förenade sitt glöggdrickande med ett besök i rökrummet. Jag har inget minne av att någon var direkt onykter, men det pratades och tjoades en hel del, så nykterheten var väl heller inte direkt iögonfallande vilket en och annan patient antagligen noterade.

Ett av de mer flagranta fallen av drogmissbruk förekom i Hudiksvall, där jag senare arbetade under en period. En underläkare "X" hade ådragit sig misstankar, inte minst genom sin beredvillighet att gå igenom akutväskor och rensa ut äldre läkemedel, där det så småningom visade sig att just det narkotiska preparatet Petidin ofta hade åldrats snabbt. En narkossköterska drog upp koksaltlösning i en spruta, märkte sprutan "Petidin" och lade den väl synlig på ett bord. X såg sprutan, snappade upp den och försvann in på en toalett för att strax därefter komma ut med ett färskt stickmärke i armvecket. Detta rapporterades givetvis och det hela uppmärksammades.

På den tiden, andra halvan av 1980-talet, vårdades patienter med färsk eller misstänkt färsk hjärtinfarkt på Hudiksvalls intensiv-vårdsavdelning. Så småningom visade det sig att X hade tillfredsställt delar av sitt behov av Petidin genom att byta de sprutor med Petidin som låg förberedda på respektive patients sängbord mot sprutor med koksalt. Då bröstsmärtorna förvärrades och smärtstillande behövdes, fanns sålunda goda möjligheter att ifrågavarande patient fick koksalt i stället för det smärtlindrande, narkotikaklassade läkemedlet Petidin.

Kort tid senare var det dags för X att bege sig till Uppsala för så kallad "Kategori 1-tjänstgöring" (en numera antagligen avskaffad term). Efter ett tag började narkossköterskor i Uppsala uppmärksamma att det gick åt ovanligt mycket Petidin till de patienter där X lagt någon blockad. Till en början försvarades han, även av mycket kloka och erfarna, äldre läkare, men så småningom brast bubblan och han behandlades under en period på Ulleråkers sjukhus beroendemottagning. En skandal i sammanhanget är att kollegorna på Akademiska sjukhuset inte fått information via läkare i Hudiksvall att ett uppenbart narkotikaberoende narkosläkare var på ingående.

Väl återkommen till Hudiksvall lovade X oss alla att han nu hade slutat med allt missbruk och var fullt arbetsduglig. Efter någon vecka skulle han gå sin första jour efter återkomsten och jag var bakjour. Vid det här laget var X tämligen rutinerad och jag tänkte mig en lugn bakjour, men tji! Vid 23-tiden ringde någon i personalen och sade att du måste komma på en gång. Sagt och gjort. Efter en hastig biltur och dito omklädning träffade jag på en uppenbart påverkad jourhavande narkosläkare med en blodig kompress i armvecket och som glatt meddelade att han nyss sövt ett akut kejsarsnitt. Eftersom jag inte har för vana att slå ihjäl folk, så gjorde jag inte det denna gång heller, men det var inte så långt ifrån. En mer fridfull lösning blev att han sändes hem omedelbart och jag tog över primärjouren.

Efter detta kom ett kollektivt ultimatum från anestesi- och intensivvårdspersonalen; antingen går X eller så gör vi det. Situationen var ohållbar och en tjänst för utbildning till allmänläkare erbjöds som alternativ, något X accepterade och historien kunde trots allt ha fått ett någorlunda gott slut, men begäret var för starkt. Han slutade sina dagar i unga år, sittande på en parkbänk innan han fortsatte utför och avled, efterlämnande tidigare hustru och två barn. Tyvärr kan listan göras längre och en kort rapsodi är som följer:

- Jourhavande narkosläkare med känd förkärlek för droger. Nykter och opåverkad under jourpasset, men drabbas under journatten av ett delirium. "Erbjuds" senare tjänst på annat sjukhus.

- Narkosskötare somnar omotiverat i fikarummet flera gånger under kvällen. Vid kontroll visade han sig ha kanyl i en ven vid fotleden och förlängningsslang upp till en spruta med insomningsmedlet propofol innanför byxlinningen. Resulterar i transport till Ulleråkers akutmottagning. För oss övriga uppstod visst besvär att fylla den vakans som plötsligt uppstått.

- En annan narkosskötare blandade ihop bristfälligt uppmärkta injektionssprutor, fyllda till si så där hälften. Jag anmärkte på detta, frågade hur det stod till och noterade han var klart påverkad. Snabbt togs ett beslut med ultimatum. Antingen tas omedelbart ett blodprov för att visa att han är opåverkad eller så gällde min utsago om uppenbar påverkan, vilket skulle resultera i omedelbart avsked. Det visade sig så småningom att han behandlades med legal förskrivning på grund av tidigare missbruk och tagit för mycket, antagligen oavsiktligt. Han köptes ut och startade om på annat ställe. Efteråt kom flera ur personalen och tackade. Många hade noterat beteendet, men negligerat detsamma, antagligen i förhoppning om att någon annan skulle hålla i yxan. Jag hoppas och tror att det gick bra till slut. Det var egentligen en snäll och vänlig ung man som gjorde ambitiösa försök att komma till rätta i tillvaron.

- En narkosläkare visade sig ha missbrukat narkotika (morfin). Mig veterligen ej påverkad i tjänst, men givetvis klart olämpligt och oförsvarligt beteende. Efter att det hela uppmärksammats, suiciderade han.

- I ett fall var det en narkosskötare som tillhörde en religiös sekt där alkohol är strikt förbjudet, men som förefallit påverkad i tjänsten. Han blev påkommen med att stjäla olika intravenösa narkosmedel, vilket resulterade i avsked. Han bodde med familj i nyinköpt villa med stora lån. En glädjande sak var att sekten gick in och hjälpte familjen ekonomiskt. Hans vidare öde är för mig okänt.

- Bakjour på narkos blev inringd för att söva ett barn, framför allt på grund av tung belastning för de två primärjourerna. Bakjouren visade sig vara höggradigt berusad. Barnets mor, själv narkosläkare, påtalade berusningen och vägrade självfallet låta sitt barn sövas under dessa omständigheter. Efter visst besvär kunde en annan, ledig men nykter, kollega ringas in. Vederbörande bakjour togs omedelbart ur tjänst, men återkom efter ett halvår, mig veterligen rehabiliterad.

- En incident gällde en sköterska på uppvakningsavdelning som lyckades skaffa sig morfin för eget bruk, trots att det låsta förvaringsskåpet ansågs fullkomligt säkert.

Nu måste man komma ihåg att dessa händelser utspelade sig under många år. Det kan låta som att missbruk och berusad eller narkotikapåverkad personal tillhör vardagen, men så är det inte alls. Antagligen har det även blivit bättre med åren. Åtminstone har kontrollen av hantering av narkotika blivit mer rigorös.

Den årliga brännbollsturneringen på anestesikliniken skall väl inte gå under beteckningen missbruk, även om brännbollen kanske inte var huvudsaken. Efter avslutad turnering, vidtog grillning och intagande av spetsad bål samt tämligen generös tilldelning av vin. Efter avslutade festligheter vidtogs ett antal mer eller mindre vingliga cykelturer hem. Det noterades som fullkomligt normalt att ett flertal kollegor följande dag uppvisade en del skrapmärken i ansiktet eller andra smärre blessyrer. Detta tolkades helt korrekt som att cyklandet visat sig mer

komplicerat än vanligt och att balansförmågan inte var lika god som
förväntat.

*

Under 1970- och 80-talen flydde ett antal irakier, ofta kurder, till
Sverige från Irak. Saddam Hussein hade i praktiken härskat redan
tidigare, men blev president i Irak 1979. "President" är en eufemistisk
beteckning på en tvättäkta diktator. Det var känt att det förekom ett
tämligen omfattande spioneri från irakisk sida, till stor del riktat mot de
irakier som flytt Hussein och kommit till Sverige. En kollega vid
anestesikliniken hade irakiskt ursprung. Jag kommer inte ihåg om han
var specialist, men ansågs tämligen etablerad vid kliniken och var med
i ett forskningsprojekt om värmeförluster under operation. Han var
uppenbarligen inte flykting, eftersom han av och till kunde åka hem till
Irak och hälsa på.

En vacker dag togs han om hand av SÄPO som haft ögonen på
honom under en tid. Avgörandet kom när vederbörande narkosläkare
var på en tillställning där den irakiske ambassadören höll upp dörren
för läkaren, som tecken på hövlighet visavi den som var högst i rang.
För de som var initierade i irakisk hierarki, stod det härmed helt klart
att narkoskollegan var mer prominent än ambassadören och därmed en
mycket högt uppsatt person inom den irakiska säkerhetstjänsten. Det
visade sig att en av hans uppgifter var att samla information om ex-
irakier som flytt till Sverige. I och med detta avslutades karriären vid
Akademiska sjukhuset med omedelbar verkan. Vad som sedan hände
honom vet jag inte, men utvisning tillbaka till Irak förefaller mest
sannolik. I sammanhanget kan då sägas att kliniken var relativt liten och
invigda kollegor kunde av och till vara förtroliga i sina diskussioner.

Ett helt annat öde hade drabbat en patient jag en gång träffade och vi
hade tid för en gemensam pratstund. Han hade sina rötter i Estland och
skulle enligt alla konstens regler ha utvisats i samband med balt-
utlämningen från Sverige till Sovjet 1946. Vederbörande est hade vid
denna tid arbetat på en bondgård där han blev uppsökt av fjärdings-
mannen som berättade att man följande dag skulle komma till gården

för att gripa honom för utvisning till Sovjet. Då fjärdingsmannen dagen efter dök upp var personen ifråga försvunnen och självfallet visste ingen vart han tagit vägen. Gissningsvis höll han sig i skymundan för att kort tid senare återuppta arbetet på gården. Fjärdingsmannens motivation för att bidra till baltutlämningen var sannolikt mycket måttlig.

Vi diskuterade vidare och han berättade att vid tiden för den tyska invasionen i Estland under andra världskriget, tvångsrekryterades hans båda bröder av tyska armén och sändes till östfronten för att slåss för Tysklands räkning. När Röda armén kom, så tvångsrekryterades den kvarvarande brodern, min sagesperson, på motsvarande sätt och sändes till Stalingrad. Något motvilligt, men dock, berättade han en del om förhållandena där och om den omständigheten att hans bröder fanns på den tyska sidan. Detta ändrade dock inte på det faktum att man, som han berättade, sköt på allt som rörde sig. Han visade upp ett ärr i ena överarmen strax under överarmsbenet och berättade att han efter en dags strid återvänt till säker ort och tog av sig på överkroppen och märkte då att blodiga klädtrasor satt inkletade i överarmen. Uppenbarligen hade en kula gått genom armen utan att han noterat detta. Ett annat ärr syntes mitt i bröstbenet där granatsplitter träffat. Han berättade att Röda arméns uniformer var försedda med stora metallknappar, så splittret hade kluvit knappen och därigenom förlorat så mycket rörelseenergi att det stannade i bröstbenet.

Så småningom bestämde sig några att desertera. De var sju personer med lätt beväpning i form av en pistol som tog sig till estländska kusten, där de stal en båt för att segla till Finland. Man hade räknat med något dygn för att komma in på finskt vatten, så provianten var i det närmaste obefintlig. Dessvärre kom kraftig dimma och man seglade helt fel, så det dröjde någon vecka innan man fick kontakt med en svensk båt på svenskt vatten, som kunde hjälpa de sex desertörerna i land. Här frågade jag vad som hänt med den sjunde, eftersom sju gick ombord och sex klev av. Efter denna fråga var det färdigdiskuterat. Mannen förvandlades till en mussla. Var och en får själv gissa vad som hade hänt ute till havs under den gångna veckan.

*

Som tidigare nämnts, så har mitt intresse för forskning varit centralt. Varför? Blir man bättre i det praktiska arbetet genom forskning? Blir man sämre kliniker av att tillbringa mer tid på laboratorium eller med papper och penna/dator framför ögonen? Åsikterna i frågan lär väl gå isär beroende på var och ens personliga erfarenheter och preferenser.

Betald tid för forskning för en i huvudsak kliniskt verksam läkare brukade normalt ligga på en eller två månader per år. Här erkännes viss osäkerhet om hur tid fördelas idag, då min erfarenhet av detta ligger ett antal år bakåt i tiden. De flesta aktiva inom forskningen ägnar en stor del av sin fritid på kvällar och helger till detta. En viss förståelse från omgivningen för denna "hobby" tas tacksamt emot av den som drabbats av vetenskapliga ambitioner.

Det stora värdet av forskning för den, i huvudsak, kliniskt verksamma läkaren ligger nog framför allt i förbättrad förmåga att tolka resultat i den mängd information som når oss. I sammanhanget förtjänar det att påpekas att alla nu levande människor, liksom alla tidigare och efterkommande, lever i en föränderlig värld där tolkning av data och underrättelser är av central betydelse för slutsatser om hur vårt framtida agerande bör vara.

För att något skall betraktas som vetenskapligt "sant" i biologiska sammanhang, används ofta beteckningen p < 0,05, där p betyder "probability", vilket i dessa sammanhang betyder att det är mindre än 5% sannolikhet att ett resultat beror på slumpen. Detta kan exemplifieras genom att man kastar krona/klave och får upp samma sida fem gånger i sträck (=0,5^5). I det fallet är sannolikheten att resultatet beror på slumpen mindre än 5%. Sålunda kan resultatet fortfarande bero på slumpen, men sannolikheten är inte särskilt stor. Hur förklaras då resultatet? En statistiker skulle nog säga att det är minst 95% sannolikhet att myntet är defekt på något sätt. Nog om statistik.

Varför tycker man då om att forska? Svaret för min del ligger nog i ett visst mått av nyfikenhet kombinerat med äregirighet (det är kul att se sitt namn i tryck), omväxlande arbetsuppgifter och avsevärt förbättrade möjligheter till deltagande i internationella kongresser med både vetenskapligt och kliniskt fokus, något som är utvecklande och definitivt kommer patienter till godo.

Mitt allra första "egna" vetenskapliga arbete var en kombinerad obduktions- och biokemisk studie där en noggrann dissektion av lungartärerna liksom det venösa kärlträdet i bål och ben gjordes i avsikt att kartlägga förekomst av blodproppar i lungor, något som kombinerades med analys av den biokemiska kompositionen i en bit kärl taget från underbenet. Jag vet inte om studien, som utfördes i slutet av 1970-talet, skulle vara möjlig att göra idag, då Etikprövningslagen även skall tilllämpas vid fysiska ingrepp på avlidna och det är inte otänkbart att medgivande från anhöriga skulle vara nödvändiga, något som knappast vore genomförbart. Riktig klarhet i frågan förefaller dock inte lagen ge.

*

År 1978 registrerades jag som doktorand vid Rättsmedicinska Institutionen, Uppsala universitet. En stor del av forskningen var uppbyggd runt inflammatoriska reaktioner i de minsta kärlen, med åtföljande vätskeutträde till omkringliggande vävnader.

En modell som användes var den så kallade råttryggsmodellen där olika substanser injicerades i skinnet på sövda råttor. För att möjliggöra detta rakades deras ryggar. Detta gjordes dagen före experimentet för att huden inte skulle vara alltför irriterad vid själva försöket. Rent praktiskt gick detta till så att råttorna sövdes i en stor glasburk där det i botten fanns bomull indränkt med eter. Efter att råttan somnat i glasburken lyftes den ut och fick ligga med huvudet i en liten glasskål där det också fanns en bomullstuss indränkt i eter. När narkosen blev för djup drog man bara ut råttan, så den fick andas rumsluft en stund och blev narkosen alltför ytlig, så såg man till att den hade nosen lite närmare etertussen. Vid ett tillfälle skulle experimentet göras en måndag, så det var läge att raka råttornas ryggar dagen innan.

Av praktiska skäl blev det så att dottern i treårsåldern fick följa med. Hon utvecklade snabbt en oanad talang att se hos vilka råttor narkosen behövde fördjupas eller tvärtom. En praktisk omständighet som jag inte tänkte på var att hon, i likhet med råttorna, hade nosen mycket nära eterångorna. Efter fullgjord uppgift lät hon sig snällt stuvas ned i barnvagnen. Väl hemkommen visade det sig att hon inte bara sov djupt utan även spred en omisskännlig doft av eter vid varje utandning. Succén kändes måttlig. Det akademiska arbetet och forskningen löpte ändå vidare, både mer handgripligt i form av blodprovstagningar och skrivande på distans efter flytten till Hudiksvall.

UNG ÖVERLÄKARE I HUDIKSVALL

År 1984 blev det i tämligen unga år flytt till Hudiksvall och till en början ett vikariat, senare fast tjänst, som överläkare. Hudiksvalls sjukhus skiljde sig givetvis en hel del från det stora Akademiska sjukhuset i Uppsala. Den enda operationsavdelning som då fanns i Hudiksvall styrdes av en avdelningsföreståndare som såg till att resurserna utnyttjades optimalt. Hon höll konstant järnkoll på hur verksamheten framskred på de olika operationssalarna och när det var dags att ta ned nästa patient, så ringde hon avdelningen och berättade att nu är det dags för patient NN att komma till operation. Flödet blev inte sämre av att hon kände alla och deras tekniska färdigheter, vilket gjorde att hon kunde ta tidsmässig hänsyn även till detta.

Det säger sig självt att administrationen var rudimentär och preoperativa bedömningar gjordes på förtryckta blanketter, med tämligen standardiserad premedicinering. Verksamheten på operation var i det närmaste begränsad till dagtid. Narkos- och instrumenteringspersonal (operationssköterskor/undersköterskor) sov på sjukhuset, men kunde givetvis väckas vid behov. Jourhavande narkosläkare arbetade i varierande grad under kvällar, helger och nätter. AT-läkare som gjorde sin första kliniska tjänstgöring kunde vara primärjour och bakjouren sov ofta hemma eller i vissa fall på sjukhuset.

Narkossköterskorna i Hudiksvall var mycket självständiga och då jag var bakjour med orutinerad primärjour brukade jag alltid fråga narkossköterskorna om de var bekväma med att mer eller mindre helt självständigt reda upp akuta situationer. I de flesta fall var detta inget problem och det var inget unikt i att den narkossköterska som varit på sjukhuset under natten ringde följande morgon och rapporterade att det hade varit ett "katastrofsnitt" (kallas idag "urakut" kejsarsnitt; låter väl mindre dramatiskt) som sövts och väckts utan problem. Även dagtid arbetade narkossköterskorna mycket självständigt med sövningar. Som narkosläkare var man till stor del engagerad i att lägga olika större bedövningar och narkoser i vissa speciella fall som barn eller där stora blödningar eller andra svårigheter förväntades. Barn med pylorusstenos opererades då de var 1–2 månader gamla. Vi var ett mycket begränsat antal anestesiologer och kirurger som handlade dessa.

Min huvudsakliga gärning i Hudiksvall var dock inom intensivvården. Även här var sköterskorna duktiga och de flesta hade med åren blivit tämligen självgående. Ärligt talat, så tyckte jag att intensivvården i Hudiksvall släpade efter alltför mycket jämfört med Akademiska sjukhuset, så det fanns gott om utrymme för engagemang, undervisning och ändrade rutiner.

En av arbetsuppgifterna i Hudiksvall var att försöka styra upp kunskapsnivån bland de som då bemannade ambulanserna. Det förekom spörsmål som inte var av direkt medicinsk eller utbildningsmässig karaktär, men som man gärna ville lämpa över som en fråga att lösas av läkare. En sådan var det faktum att sängarna på ambulansstationen inte höll tillräcklig standard, vilket motiverades med att "vi ligger och vilar ganska så mycket", en annan fråga gällde önskemål om utökade befogenheter som exempelvis att "sätta nål", men å andra sidan hur detta i så fall skulle ses som en extra kompetens, vilken ansågs motivera löneförhöjning.

Här kan sägas att utvecklingen inom ambulanssjukvården gått i klart positiv riktning i såväl Hudiksvall som i hela landet och att numera bemannas ambulanserna ofta av sjuksköterskor, specialistutbildade inom ambulanssjukvård.

Både allmänkirurgerna och ortopederna i Hudiksvall var generellt sett mycket duktiga, med imponerande bredd och stor teknisk färdighet. Flera var mycket drivna både inom allmänkirurgi och ortopedi. Givetvis opererades både akuta och elektiva aortaaneurysm, men vid något tillfälle även porta-cava shunt liksom struma hos en 10-årig flicka, bara för att nämna några exempel. Neurokirurgi och thoraxkirurgi kunde utföras om mycket akut behov förelåg, annars transporterades dessa patienter till Akademiska sjukhuset.

Även patientklientelet skiljde sig från det uppsaliensiska. En äldre dam var mycket missbelåten med vården av sin bror, som kräkts efter att ha ätit systerns hemlagade semlor och därvid drabbats av en ruptur av matstrupen, ett, minst sagt, livshotande tillstånd. Som en av de mest väsentliga anledningarna till att människor dog på sjukhus anförde hon att man brukade vädra, något som enligt henne orsakade lunginflammation och död. Vidare var sjukvården suspekt då en granne fått ont i "passemakkern". Mitt sista minne av damen ifråga var då hon ville ta hem sin respiratorvårdade bror med motivationen att respiratorn gick på elektricitet, vilket hon hade hemma och att hon själv kunde koka välling att använda som "dropp".

Ett annat minne härrör från en mycket mer timid dam, som efter att ha ramlat och brutit lårbenshalsen, fick en spinalbedövning ("ryggbedövning") av mig. Efter operationen ville hon ha hjälp med att ställa om tidningen till sjukhuset. Jag ställde mig lite frågande till detta och undrade varför. Hon förklarade vänligt, men bestämt, att hon minsann hade betalat tidningsprenumerationen och tillade att vi kunde ju inte sända hem henne nu när hon blivit lam efter bedövningen. Sällan har väl någon blivit så glad över att ha haft fel, som denna lilla tant, då jag berättade att om någon timme så har bedövningen släppt och om några dagar är hon återigen uppe och går som vanligt. Lite förbryllad var hon ändå, för alla hennes bekanta hade berättat för henne att man blir lam efter den sortens bedövning.

Under en period arbetade jag 75% i Hudiksvall och 25% på Akademiska sjukhuset, Uppsala. Anledningen till detta var en önskan att upprätthålla den kompetens främst inom thorax-, neuro- och barnanestesi, men även inom intensivvård som finns på en stor universitetsklinik.

År 1987 introducerades propofol som intravenöst medel för narkosinduktion. Under flera år fick medlet bara användas vid korta ingrepp, då propofol var betydligt dyrare än pentothal som annars var standardmedlet för intravenös narkosinduktion. Några andra medel fanns på marknaden, men användes mycket sparsamt. Ett annat medel som även idag förtjänar sin plats i den terapeutiska arsenalen är ketamin, då det inte ger samma negativa effekt på blodtryck som propofol eller pentothal. Här kan man dra sig till minnes att ketamin, med sina för- och nackdelar var standardpreprat vid operation av lårbensbrott på Akademiska sjukhuset och att ketamin gavs som en konstant infusion, något som fungerade tämligen väl. En stor anledning till att ketamin användes, var att den, mycket duglige, narkosläkare som var ansvarig för den anestesiologiska verksamheten vid ortoped-sektionen samlade ihop överblivna slattar av ketamin för att använda dessa för sövning av grisar, något som gjordes på det så kallade gris-laboratoriet.

För att ge perspektiv åt dessa medel kan sägas att pentothal råkat i vanrykte på grund av dess användning i USA i samband med gift-injektion för att avliva fångar, medan propofol var det medel som orsakade Michael Jacksons död och ketamin är aktuellt för att vara inblandat i skådespelaren Matthew Perrys död hösten 2023.

*

Våren 1987 var det dags för disputation, något som inte förekom ofta i Hudiksvall, så det blev en viss uppmärksamhet både på sjukhuset och i lokalpressen. En kväll, kort tid före disputationen var jag primärjour och blev uppringd och intervjuad med anledning av forskning och kommande presentation av resultat. Intervjuaren var till min besvikelse inte särskilt intresserad av mina forskningsresultat utan ville mer höra om mina fritidsintressen och vanor i största allmänhet. Då vi kom in på utförsåkning, så vaknade intervjuarens intresse betydligt och han ville gärna i sin artikel jämföra mig med slalomlegenden Ingemar Stenmark. Intervjuaren blev mer och mer engagerad i alla möjliga frågor samtidigt som jag blev mer och mer tillbakadragen ända tills han inte längre kunde hålla masken. Det var nämligen en vän och kollega till min far som på dennes uppmaning ringt mig och låtsades vara journalist. Nåväl, jag fick även mer konventionell uppmärksamhet, illustrerad med ett foto på förstasidan i Hudiksvallstidningen.

*

Följande är fortfarande svårt att tänka på, men det kan vara ändå vara värt att sätta på pränt. Tillsammans med min mor, dotter, nyss fyllda fem år, och en, några månader gammal jämthundshundvalp, skulle jag lägga i en mindre fiskebåt från en båttrailer. Det gick utmärkt bra att backa med släpet ned till vattenbrynet. Jag klev ur bilen för att låta båten glida ned i vattnet då något hände. Exakt vad som hände, vet jag fortfarande inte, men trailer med båt och bil började rutscha ned i det cirka två meter djupa vattnet.

Min mor klev ur bilen då hon märkte vad som var på gång, men dottern som satt i baksätet, fastspänd med säkerhetsbälte, försvann tillsammans med hundvalp ned i vattnet. Jag kastade mig i vattnet och dök efter ekipaget, men vattentrycket gjorde att jag inte kunde öppna någon bildörr. Efter en stunds kämpande var jag tvungen att gå upp till ytan för att hämta luft och dyka på nytt. I princip är det enda sättet att öppna en bildörr under vatten att avvakta tills kupén är vattenfylld och trycket därmed utjämnat på in- och utsida. Tror inte någon har svårt att föreställa sig den känsla av vanmakt och förtvivlan som grep mig, efter att ha varit tvungen att lämna min dotter i den sjunkna bilen. Efter något eller några ytterligare försök lyckades jag öppna en dörr till baksätet, få upp säkerhetsbältet och dra ut dotter ur bilen och simma med henne den korta biten upp till land.

I det läget var hoppet om att rädda valpen ute, men det fanns ingen anledning att i alla fall inte göra ett försök. Nytt dyk och ny simtur in i bilen där jag identifierade valpen, lyckades lotsa oss ut ur den sjunkna bilen, för att kunna ta oss upp på land. Minnet är fortfarande mycket plågsamt och det är väl inte utan anledning som detta är infogat på ett tämligen sent stadium av berättelsen om mitt livs öden och äventyr.

*

Någon gång under andra halvan av 80-talet fyllde äldsta dottern år och klasskamraterna var hembjudna till hennes födelsedagskalas. Så småningom blev det dags för förtäring och det skulle serveras korv med bröd. En rejäl laddning med korv och bröd var färdig att serveras och de inbjudna små gästerna hade bokat sig vid ett långbord. Då första korven skulle serveras svarade tösen ifråga att hon inte ville ha någon korv. Detta noterades givetvis av gäst nummer två som omedelbart tackade nej och så fortsatte det.

115

Efter en kort stund och några misslyckade försök att truga på nästa gäst en korv, så var stämningen vid bordet närmast sådan att man skulle kunna anta att barnen genomskådat ett osedvanligt lumpet försök till kollektiv förgiftning. Sist att erbjudas var en liten lättsam gosse som såg allmänt matglad ut. Han tackade omedelbart ja till korv, varefter grannen, som nyss avvisat mitt suspekta erbjudande om korv, nu ville ha sin korv med bröd. Därefter utbröt närmast en kakafoni av hojtanden om att på en gång få korv och bröd. Efter allmänt mumsande var det tomt i korvkastrullen och barnaskaran återupptog, styrkta av den nu så uppskattade måltiden, någon av sina lekar.

*

Under något drygt halvår i slutet av 1980-talet var jag, förutom arbete i Hudiksvall, även tillförordnad klinikchef (det som idag kallas verksamhetschef) vid Bollnäs sjukhus. Den anestesiologiska verksamheten drevs framför allt av vikarier och förutom viss, tämligen måttlig, administration var det ett av mina åligganden vid Bollnäs sjukhus att anställa vikarier för kortare eller längre perioder. Någon intensivvård värd namnet kan man knappast säga existerade. Den enda, på den tiden, fast anställda narkosläkaren arbetade enbart halvtid och var jourbefriad. Personen ifråga var ett djupt tragiskt människoöde, svårt märkt av tidig ungdom i Auschwitz.

I Bollnäs fanns, som tidigare nämnts, ett psykiatriskt sjukhus där man som narkosläkare sövde patienter i behov av elbehandling. Det brukar ibland sägas att läkare söker sig till specialiteter som harmoniserar med deras personligheter. I vart fall utmärkte sig några av kollegorna på det psykiatriska sjukhuset som lite ovanliga.

Vid ett tillfälle hade jag infunnit mig i god tid för att ge narkos inför elbehandling och noterade då en man som satt med ryggen emot rummet och med huvudet längst in i ett av rummets hörn. Av och till vände han sig om, tittade och visade tänderna samtidigt som han frambringade ett morrande läte. Det kändes lugnast att inte störa honom utan att bara lugnt och fridfullt vänta på att det skulle bli dags för elbehandlingen. Så småningom kom det in en proper man tillsammans med en vårdare. Mannen ifråga gjorde ett lugnt och sansat intryck och till min förvåning lade han sig tämligen hemtamt på behandlingsbordet och personalen började med förberedelser samtidigt som den morrande mannen i hörnet fick informationen: "Doktorn, patienten har kommit".

Så småningom lyckades man till Bollnäs rekrytera en narkosläkare som var villig att arbeta heltid som klinikchef, något som både anestesikliniken och hela sjukhuset var i behov av.

*

Vid ett tillfälle, så ville man från invärtesmedicin i Hudiksvall få en patient inlagd på intensivvården på grund av alkoholförgiftning eller i dagligt tal, ordentlig fylla. Bakgrunden var att en av de som brukade sitta på parkbänkarna utanför centralstationen hade hittats och polisen tyckte att han var för dålig för en vanlig fyllecell, något som skulle visa sig mycket klokt.

Patienten kom upp till intensivvårdsavdelningen och vid undersökning noterades lite väl djup medvetslöshet för att det bara skulle vara fråga om fylleri. Förgiftning med träsprit kunde vara inte uteslutas och prover togs. Även om metanol inte gick att analysera i Hudiksvall, så kunde man mäta pH i blod och genom en enkel formel beräkna osmolalitet (ett mått på koncentrationen av lösta ämnen), för att härigenom sluta sig till att det inte var fråga om alkoholförgiftning. Tankarna gick till hjärnhinneinflammation, närmare bestämt inflammation orsakad av hemophilus-bakterier, vilka finns i näsan och som är överrepresenterade hos alkoholister, beroende på skallskador och frakturer i den regionen. Lumbalpunktion, det vill säga prov på ryggmärgsvätska, visade sig inte vara grumlig tydande på hjärnhinneinflammation, utan den var i stället blodig.

Att få lite blod initialt i provet förekommer någon gång, men vätskan klarnar normalt mycket snabbt. Här var det homogent blodigt, det vill säga det hela talade för en hjärnblödning med blodtillblandning i ryggmärgsvätska. Jag ringde bakjouren på medicinkliniken som var ytterst ansvarig för den primära bedömningen av patienten på akutmottagningen och som i nuläget skulle vara delaktig och införstådd

117

med handläggningen. Vederbörande, känd för en något pompös framtoning, refererade till ett tämligen ålderstiget betraktelsesätt och framhöll att det i så fall inte var något att göra utan att det bara var att vänta på att tillståndet skulle förvärras och att vederbörande så småningom skulle avlida.

Bakjourens synsätt skiljde sig avsevärt från mitt. Jag ville sända patienten till Gävle för en datortomografisk röntgenundersökning av hjärnan. Vid den här tiden fanns ingen sådan utrustning på Hudiksvalls sjukhus. Resultatet av datortomografin skulle sedan utgöra underlag till ett ställningstagande beträffande eventuell neurokirurgisk åtgärd. En försiktigt retrospektiv analys av diskussionen kan framställas som att telefonlinjen gick varm.

Här skall påpekas att den klinik där vederbörande patient är inskriven har ekonomiskt ansvar och möjlighet att skriva remiss till annat landsting, något som man som intensivvårdsläkare märkligt nog inte har behörighet att göra. Det låg dock inom mina domäner att via ambulans sända patienten till Gävle för "skalldator", vilket gjordes. Telefonkontakt med röntgenkollega i Gävle visade att det förelåg en primär hjärnblödning med genombrott till hjärnans vätskefyllda rum, vilka kommunicerar med den vätska som omger ryggmärgen. Ny telefonkontakt med information om fyndet ändrade inte bedömningen från medicinbakjouren som ansåg att det hela var fel och att han inte hade för avsikt att utfärda remiss till neurokirurg.

Vid det laget hade ryktet börjat spridas och jag fick klar uppbackning av kollegorna på Hudiksvalls kirurgklinik som såg till att remiss till neurokirurgiska kliniken i Uppsala utfärdades. Någon dag efter detta var det dags för min avfärd till Akademien och jourtjänstgöring. Vad händer där, om inte att patienten från Hudiksvall var uppsatt på neurokirurgiska klinikens jourprogram. Det föll på mig att ta hand om narkosen och optimera betingelserna för neurokirurgen. Så vitt jag vet, så avlöpte det hela till slut lyckligt och vederbörande kunde sannolikt återgå till sin sedvanliga fridfulla tillvaro, sittande på en parkbänk utanför Hudiksvalls centralstation, eventuellt luktande på en korkek.

Att vikariera vid Akademiska sjukhuset gav mig inte bara nya kunskaper och nya aspekter på respektive verksamhet, det kostade också. Lönen i Uppsala var lägre än den i Hudiksvall samtidigt som boende och inköp orsakade en del extra utgifter. Möjlighet fanns att via självdeklarationen begära skattereduktion för dubbel bosättning. För att vara på den säkra sidan rekommenderades att bifoga kvitton på inköp, vilket var lätt gjort och för att vara riktigt ärlig, så här i efterhand, så slank det väl med ett och annat extra kvitto också. Efter att ha lämnat in deklarationen, blev jag uppkallad till Skattemyndigheten i Hudiksvall för ett personligt samtal. Här satt en tämligen bister tant och visade upp två av mina kvitton. Hon frågade med ett allt annat än vänligt tonfall, hur det kom sig att jag, enligt mina bifogade kvitton, handlat vetemjöl i två olika butiker på samma dag. Ett strategiskt svar kändes minst sagt angeläget, så med allra oskyldigaste tonfall framhöll jag att det var väl bra att genom inköp av vetemjöl, kunna styrka att den, tillsammans med vetemjölet, inköpta jästen inte använts till hembränning. Efter ett ofrivilligt leende lutade sig den fortfarande bistra damen lite framåt och förklarade med myndig stämma att: "Det får gå för den här gången, men gör inte om det".

En av de mer sympatiska sidorna av Hudiksvalls sjukhus var att man oftast hade vård av god kvalitet, samt att man till övervägande del var medveten om sina begränsningar. Senare har jag vikarierat en del vid Hudiksvalls sjukhus, men tyvärr noterat att den administrativa sidan svällt på ett sätt som begränsar verksamheten. Detta gäller inte minst klinikens interna administration.

Att känna sina begränsningar och veta när man skall remittera till mer specialiserad vård, exempelvis neurokirurgi eller brännskadevård är en skön konst, som inte riktigt kunde tillskrivas ett annat sjukhus, beläget på pendlingsavstånd från Hudiksvall. Detta sjukhus var förvisso något större, men med helt annan attityd till den egna kompetensen. Jag arbetade här under en period, men var inte riktigt tillfreds med miljön utan återkom under 1990-talet till Akademiska sjukhuset. Som ett av minnena från det något mer nordligt belägna sjukhuset, kan dock följande historia berättas.

*

Någon gång tidigt 1990-tal kom till Sverige en gravid kvinna och hennes man från ett land i Afrika, söder om Sahara. Då de begav sig av från byn, hade en medicinman kommit och stänkt blod på väggarna i hyddan där de bodde och uttalat en förbannelse över kvinnan och sagt att hon, tillsammans med sitt ofödda barn, skulle dö i det nya landet. Efter ankomst till Sverige placerades makarna i en förläggning i landets södra del. Där började kvinnan så sakteliga utveckla feber av oklar orsak. Efter ett tag flyttades paret norrut, mot Höga Kusten, där hennes tillstånd försämrades och hon blev först inlagd på infektionsklinik och därefter på intensivvårdsavdelning, där jag träffade henne.

Diagnosen var okänd och febern blev högre. Ingen behandling hade effekt, så tillståndet blev trots terapeutiska försök bara värre och värre. I denna situation födde hon sitt barn alldeles för tidigt. Barnet vägde runt 500g, motsvarande cirka 22 veckors graviditet och var livlöst vid födseln. Förutsättningarna för återupplivning knappast optimala, men jag lyckades intubera, så vi försökte efter bästa förmåga att återuppliva barnet, men förgäves. Kort stund därefter avled även modern.

Obduktion företogs givetvis och den visade på förekomst av ett lymfom (lymfkörtelcancer), vilket inte hade upptäckts, trots ambitiösa försök till diagnostik.

En tanke runt detta är hur stark kopplingen mellan kropp och själ egentligen är. Kunde medicinmannens förbannelse ha utlöst en lymfkörtelcancer? Det officiella svaret måste bli nej; men, vi vet inte allt. Vad som är välkänt är att smärtstillande medicin har bättre effekt om den administreras med information att "det här kommer att hjälpa" än om samma smärtstillande ges med beskedet att man kan säga till om det inte hjälper. På motsvarande sätt är det välkänt att negativa förväntningar (nocebo) kan framkalla ogynnsamma reaktioner.

Åter till de tragiska dödsfallen. Några dagar senare kom kvinnans make och begärde att hon skulle väckas för en stund, då han ville prata med henne. Det givna svaret var att hon var död och att det inte gick att väcka upp henne och att begäran, kort sagt, var totalt omöjlig att uppfylla. Han tittade på oss en stund och svarade: "Det finns mycket som ni i västerlandet inte förstår".

*

Första erfarenheterna av jakt föregick flytten till Hudiksvall. Under tiden på medicinkliniken i Uppsala kom jag i samspråk med en tämligen nyopererad patient som fått en biologisk hjärtklaff. En sådan klaff behöver, i motsats till en mekanisk klaff, bytas efter ett antal år, men å andra sidan behövs inte antikoagulerande behandling, vilket inte var lämpligt att förena med alkohol, något som avgjorde vederbörandes önskemål om typ av hjärtklaff.

Mannen var en ivrig jägare och jag var nyfiken, så vi kom överens om att han bjöd på lite "pröva på" jakt, något som utföll positivt. Det var en färgstark och allmänt underhållande person med ett förflutet som bland annat kassaskåpssprängare, något han ibland på kvällstid i jaktstugan i Järlåsa kände visst behov av att informera om. Han ägde en .357 magnum revolver och hade på något sätt tillgång till pansarbrytande ammunition, något han demonstrerade på ett gammalt skräpande motorblock. Jag fick provskjuta revolvern, vilken var rolig att skjuta med, men rekylen var, låt oss kalla det, "formidabel".

Hudiksvall som stad bjöd på både för- och nackdelar. "Alla kände alla", vilket även innebar att alla observerade alla. Detta gällde inte minst för en nyanländ överläkare. En av fördelarna med djungel-telegrafen var att jag kom med i ett jaktlag, i början som passkytt, senare som hundförare. Uttrycket att man "på jaktstigen kan få goda vänner och bittra fiender" äger sin riktighet. Tack och lov, så blev det till helt övervägande del goda vänner för min del. Ett visst motstånd från en del av "gubbarna" mot att kalla mig vid förnamn i stället för "doktorn" behövde övervinnas, men det gick så småningom bra.

En av hundförarna i jaktlaget gick under öknamnet "Rättrådig", vilket hade en skämtsamt sarkastisk prägel. Vid ett tillfälle gick han in på grannmark och sköt en älgkalv för en älghund tillhörande ett annat jaktlag. Jag vet inte riktigt hur det kom sig, men kalven hamnade hos oss för att flås och hängas, då några representanter för det andra jaktlaget dök upp, minst sagt på dåligt humör. De levererade en längre, kraftfull utskällning som från vår sida bemöttes med nedslagna ögon och diskreta hummanden, varefter de försvann med en rivstart. Efter en kort tystnad tog "Rättrådig" till orda – "men titta i alla fall hur jag sköt kalven, mitt mellan ögonen." Allmän tystnad återigen.

"Rättrådig" hade starka proryska/sovjetiska sympatier och var en tvättäkta norrbottenkommunist. Vi stod långt från varandra i politisk övertygelse, men hade inga problem med gemensam respekt och vänskap. Tvärtom. Antagligen var det en del i "Rättrådigs" proryska inställning som gjorde att han bestämde sig för att satsa på lajkor och valde då att lämna bort sin välfungerande jämthund, Bamse, som var något av en skogens konung. Bamse var inte omedveten om sin status i jaktlaget, han var en självsäker herre som tyvärr inte alltid varit så väl behandlad av "Rättrådig". Bamse blev en del av mitt hushåll och en kär familjemedlem. Bamse var inte bara självsäker med inbyggd pondus, han var även ovanligt stor och kraftig. Antagligen var det ett utslag av Bamses självsäkerhet som tog sig uttryck i att han vid ett tillfälle behagade kissa i jaktledarens ryggsäck, något som väckte viss munterhet hos de övriga medlemmarna i jaktlaget. Vi bodde då strax utanför Hudiksvall och vid ett tillfälle kom Bamse lös på tomten, så jag skulle leda in honom från friheten in i boningshuset. Jag tog tag i nackskinnet på honom och drog honom med mig, vilket resulterade i att han kastade med huvudet, så jag tappade taget och därefter markerade han ett bett runt min underarm. Det var en markering som betydde: "Så där gör du inte med mig!" Det var bara för mig att erkänna, att så gör man inte mot skogens konung. Nytt tag, mer respektfullt och vi gick lugnt in. Hade Bamse velat skada mig, så hade det inte varit något problem för honom. Hans bett var imponerande. Han kunde knäcka lårben från älg genom att trycka till med de stora käkarna.

Som nämnts här ovan kan man i ett jaktlag få goda vänner. Jag hade förmånen att bli god vän med ytterligare en hundförare som, inte utan anledning, var något av en levande legend. Här fanns mängder av kunskap om jakt, hundar och natur att lära, så det vara bara att tacksamt ta emot. Senare tog jag en jämthundsvalp, Rex, som utvecklades till en välfungerande ståndhund med stark, kanske alltför stark, jaktlust. Man kan dock inte undvika att fascineras av hur en jakthund som i skogen kan uppvisa en otrolig aggressivitet, närmast som en varg, med ambition att själv döda älgen, en stund senare förvandlas till den mest lugna, snälla och timida familjehund man någonsin kan tänka sig.

Vid ett tillfälle, på väg till jakt, i södra Norrland, befann jag mig en fredagskväll körandes bil i ett ovanligt kompakt höstmörker, då det visade det sig att en bil, strax efter en kurva, stod parkerad mer eller mindre mitt på vägen. Det var en 70-sträcka och med ett visst mått av irritation över denna "parkering" stannade jag till och noterade att bilen var bucklig som efter en kollision.

På frågan om vad som hänt svarade förare och passagerare unisont att man någon minut innan hade kört på en älg som kom springande över vägen. På frågan om vad som hänt älgen, så berättade de att den dött och låg i dikeskanten. Jag motiverade min fråga med att jag hade både gevär och hund i bilen, så om den varit skadad kunde jag ha avlivat den för att förkorta djurets lidande. Vid närmare eftertanke kom jag att tänka på min profession och frågade om det möjligen fanns någon skadad person i bilen. Återigen svarade både förare och passagerare, tämligen högljutt och i munnen på varandra: "Nej, nej, vi är INTE skadade". Något förbryllad över deras förskräckta reaktion på en enkel fråga fortsatte jag färden för att efter en kortare stund inse att det faktiskt fanns ett visst, befogat, utrymme för misstolkning av min fråga.

Några gånger gick jag jaktprov med Rex. Löshundsprov med ståndhund går ut på att hunden självständigt skall hitta älg, skälla ståndskall på älg, så att förare skall kunna smyga sig fram och ha skottchans. År 1995 gick jag i Kolsva, nära Köping åter jaktprov med Rex. Man går tillsammans med en domare, som värderar och betygsätter hundens beteende. Domaren (F.J.) var en mycket sympatisk person som härstammade från Tjeckoslovakien. Han berättade att han vid ett tillfälle blivit ombedd att vara jaktguide åt en amerikansk militär med en av de absolut högsta positionerna i Nato. Innan CIA släpper ut en av sina höjdare i skogen tillsammans med en person med förflutet i en öststat, där bägge har skarpladdade vapen, så görs en noggrann kontroll. Han berättade att man från amerikansk sida bett att först få göra en säkerhetskontroll och någon dag senare hade det knackat på dörren på exakt utsatt tid. Där stod två amerikaner i mörk kostym med precis de utseenden som förväntas av CIA:s fältpersonal. Därefter hade man gått igenom F.J:s livshistoria in i minsta detalj. Efter att F.J. svarat tillfredställande på alla frågor, så hade en av agenterna vänligen kommenterat att man var nöjd med alla svar och att bara en liten detalj återstod och det var att man började om från början och tog alla frågor på nytt.

En av de saker som kändes befriande då vi gick genom markerna var att ingen av oss diskutera något om våra yrken utan vi höll oss strikt till jakt och hundar. Några år senare skulle jag, av en slump, få reda på att F.J. var en utomordentligt kompetent kirurg med mycket bred repertoar, något som han hade i likhet med många av de kirurger som kom från det forna östblocket. De hade genomgått en noggrann och krävande utbildning där såväl teoretiskt som praktiskt kunnande var mer i centrum än det fokus på patientens förutsatta upplevelser i vården, som i vår nuvarande utbildning förefaller ha fått ett, minst sagt, väl tilltaget utrymme.

ÅTER TILL LÄRDOMSSTADEN

År 1993 återvände hustru och jag från Hudiksvall till Uppsala där jag erhöll en överläkartjänst i anestesi och intensivvård. Månadslönen (före skatt) uppgick till 32 000 kronor. Arbetet var trevligt och omväxlande med mestadels goda kollegor och duktiga sköterskor. En anledning till reservationen "mestadels" goda kollegor, var "Einar".

Einar var smeknamnet, eller kanske snarare öknamnet, på en okänd, men synnerligen närvarande och otäck kollega vars stora intresse var att ställa till obehag för en del av oss övriga. Varför vissa drabbades extra hårt av Einars ovilja, medan andra klarade sig helt och hållet, är oklart. För att förstå alla detaljer runt detta måste man först och främst veta att den administrativa delen av arbetet var minimal, vilket vanligtvis kan ses som positivt, men här ställde detta till med bekymmer.

Jour- och placeringsschema kom i pappersformat och delades ut i var och ens personliga postfack i ett litet rum dit vi i egenskap av läkare hade tillträde dygnet runt. Ett av Einars favorittrix var att byta ut en viss persons korrekta jourschema mot ett felaktigt schema. De som Einar ogillade kunde, i sitt fack, hitta ett jourschema som var korrekt, så när som på att ett annat namn fanns noterat i schemat då, den av Einar ogillade personen, skulle vara jour. Detta resulterade givetvis i irritation riktad mot den kollega som inte dök upp som förväntat till sin jour. Efter ett antal gånger visste alla att jourschema skulle dubbelkollas, men Einar gjorde sitt bästa för att hitta på nya tricks.

Så småningom övergick Einar till mer offensiv verksamhet och skrev anonyma brev till några av kollegorna, med klart förolämpande och nedsättande tillmälen. Givetvis spred detta en obehaglig stämning över kliniken och många tittade misstänksamt på varandra och spekulationer över Einars identitet var ett ofta förekommande samtalsämne i trängre kretsar.

För att råda bot på situationen och i ett försök att avslöja Einars identitet ordnades en fest med obligatorisk övernattning på Wiks slott strax utanför Uppsala. Generositeten i fråga om drycker var, minst sagt, uttalad. Närvaro var obligatorisk och externa kollegor, välbekanta med kliniken, var inhyrda för att täcka jourverksamheten. Fördrink, följdes av rikligt med vin till maten, avec till kaffet och fri groggbänk. Tanken var att Einar under alkoholens påverkan skulle försäga sig och därmed avslöja sin sanna natur, något som dock totalt misslyckades. Den ena av de båda "huvudmisstänkta" drack inte en droppe alkohol och den andre fick (om jag inte missminner mig), förhinder i sista sekund. Festandet kan väl sammanfattas som "energiskt". För att avslutningsvis, (fritt ur minnet) travestera vad Fritiof Nilsson Piraten skrev i novellen "Högvilt" om att alla efter en livlig fest hade vaknat fullt påklädda, dock ingen på sitt eget rum, kan man här, utan ytterligare kommentarer, kortfattat beskriva det som att följande morgon var det inte alla som vaknade på sitt eget rum.

En annan minnesnotering i efterförloppet till ovanstående fest, var då en kollega följande dag, som extraknäck, skulle "åka läkarbil" vilket gjordes i privat regi och möjliggjorde därigenom hembesök av läkare. Här bör betonas att bilen framfördes av chaufför, vilket med tanke på parkering et cetera var det enda realistiska. Hur som helst, ifrågavarande kollega, om vilken jag har de högsta tankar, hade liksom, de flesta av oss, låtit sig väl trakteras. Vid ett av hembesöken dagen efter festen på Wiks slott, skulle ett litet barn undersökas på grund av misstänkt öroninflammation. Under tittandet i örat, vänder sig barnet till sin mor och säger med tydlig stämma: "Mamma, doktorn luktar sprit". Min käre kollega bejakade detta och förklarade med vänlig och förtroendeingivande stämma att det är mycket viktigt med handhygien och att han därför givetvis spritar händerna inför varje ny patient-kontakt.

Mig veterligt blev aldrig "Einar" avslöjad, åtminstone inte officiellt, men vi informerades så småningom om att en dold kamera satts upp i det rum där jourschema distribuerades och i samband med detta slutade en av kollegorna tämligen hastigt.

*

Åter till den kliniska verkligheten. På den här tiden, i mitten av 1990-talet, var man bakjour för både intensivvård och narkosverksamhet, vilket inkluderade barnanestesi och därmed sövning i samband med akuta kirurgiska ingrepp på nyfödda, vilka, inte sällan, var förtidigt födda. En del av de här barnen är så små att de inte väger mer än kanske 500–600 gram. Ofta är dessa barn födda med allvarliga problem i mag-tarmkanalen, men även andra åkommor, som behövde åtgärdas akut förekom givetvis.

Det kan noteras att "bakjouren" vid universitetsklinik utgör den sista utposten i den regionala kompetenskedjan. På andra kliniker har man ofta möjlighet att remittera patienten vidare till intensivvårdsavdelning om patientens tillstånd försämras kraftigt. Som bakjour på intensiv-vårdsavdelningen kan man inte eskalera vidare utan utgör själv sista instans när det gäller den medicinska handläggningen. Det går dock givetvis alldeles utmärkt att diskutera problem med kollegor i de fall ett ärende kan beröra olika specialiteter.

Ett minne där den anestesiologiskt initierade kan förstå att ett visst stresspåslag infann sig efter ett telefonsamtal med information om att ett förtidigt fött barn med tarmvred och komplicerande hjärt-lungsjukdom, bland annat i form av för högt tryck i lungpulsådrorna, behövde opereras akut. Att telefonsamtalet om detta kom i princip i samma ögonblick som det var dags att på julafton se Kalle Anka & Co önska god jul, underlättade knappast. Väl på plats var det bara att konstatera att intubationsnarkos inte var aktuell på grund av de cirkulatoriska förutsättningarna, så smärtstillning ufördes via en sakralblockad som basal analgesi, vilken kompletterades med minimala doser av intravenöst ketamin. Till min stora lättnad och tacksamhet avlöpte ingreppet utan större problem och barnet kunde återbördas till neonatalavdelning för fortsatt vård. Puh!

*

Det hände även att barn med tumörsjukdomar skulle sövas inför olika behandlingar eller undersökningar. Inte sällan rörde sig de terapeutiska interventionerna om strålterapi. I ett fall var det fråga om en flicka i 5–7 års åldern som hade en obotlig hjärntumör men som skulle strålas i så kallat palliativt syfte, det vill säga minska lidande och underlätta tillvaron i allmänhet, men döden skulle infinna sig inom några månader. Här rörde det sig om en ytterst kortvarig behandling, men där en extremt hög stråldos gavs, vilket omöjliggjorde att någon annan person skulle vistas samtidigt i behandlingsrummet.

För att strålningen skulle kunna doseras så exakt som möjligt, behövde flickans huvud fixeras mot underlaget. Detta planerades ske med ett metallnät, närmast påminnande om ett hönsnät och som skulle vikas till för att passa tösen. Mitt förslag var att ge en intravenös dos av ett kortverkande sömnmedel under den stund som behandlingen tog. Flickan protesterade och sade att hon kunde vara vaken under behandlingen. Jag ansåg det omöjligt att hon skulle ligga närmast fjättrad och ensam i ett rum under pågående strålterapi, men flickan envisades. Till slut gav jag med mig och sade att vi prövar utan narkos, med tillägget att "om detta fungerar, så skall jag sätta ett kryss i taket". Flickan hade rätt, behandlingen genomfördes vaket och det första hon hojtade var: "Nu skall min doktor Mats sätta ett kryss i taket". Här fanns bara en sak att göra; nämligen att kliva upp på en stol och vidare upp på ett bord för att med en tuschpenna sätta ett rejält kryss i taket. Krysset kanske fortfarande finns kvar i hus 79 där strålbehandlingar utfördes.

*

Under helger var man bakjour från fredag eftermiddag till måndag morgon. Oftast fick man sova delar av tiden, men det kunde definitivt vara dryga arbetspass.

Inom en jourtung disciplin är schemaläggning en väsentlig del av verksamheten. Ett problem på den tiden var att många hade noterat att schemaläggaren "Gerda" påfallande ofta satte upp kollegor som jour då man hade begärt ledigt och givetvis även vice versa. Sommaren 1994 hade hustru och jag, tillsammans med goda vänner som också fått barn ungefär samtidigt, planerat dubbeldop en lördag i en hembygdsgård, strax utanför Enköping. Släkt och vänner var inbjudna från bägge familjerna. Detta var i slutet av juli och relativt få bakjourskompetenta var i tjänst. För att kompensera min önskan om ledighet den helgen framhöll jag noga att vilken helg som helst gick bra att vara bakjour utom just denna enda. Till saken hör att min sommarledighet det året verkligen var minimal. Jag diskuterade detta noga med "Gerda" som noterade och när tidpunkten närmade sig och det började bli dags för ett nytt jourschema, så kom "Gerda" och frågade vilken helg jag inte kunde vara bakjour.

Kort tid därefter gick "Gerda" på semester och jourschemat damp ned i postfacket där det snabbt gick att konstatera att jag var uppsatt som bakjour hela den helgen då dopet skulle ske. Med tanke på att dopet skulle hållas utanför Enköping och kravet på inställelse av bakjour var 30 minuter, så skulle min närvaro på mitt eget barns dop omöjliggöras. Då gäller det att ha goda vänner bland de tämligen få kollegor i tjänst, med vilka det skulle gå att byta bakjour. Problemet möttes av stor förståelse, men som tidigare nämnts, så var detta i princip, mitt i sommaren och de flesta som var kompetenta för att kunna åta sig bakjour skulle själva åka bort och de som var på semester hade ännu inte återkommit. Kort och gott, så var detta en brytpunkt som nära nog omöjliggjorde byte. Till slut fanns bara en enda person kvar att fråga, nämligen den tidigare nämnde Ulf Hedstrand, som inte var helt purung och som dessutom hade varit bakjour föregående helg. Ulf var väl inte direkt glad, men förstod problematiken och sade att han kunde åta sig att vara bakjour under hela lördagsdygnet, "så kan du dricka vin tillsammans med de övriga". Denna generositet är fortfarande något jag är tacksam över. I gengäld, avlastade jag Ulf med viss råge då det gällde bakjoursverksamheten, så förhoppningsvis kände Ulf att nettoeffekten ändå blev positiv.

Under sensommaren återkom "Gerda" i tjänst och jag konfronterade med önskemål, löfte och utfall gällande denna helg. "Gerda" skrattade lite grann och sade sig vara lite virrig ibland, "så jag trodde nog att du ville arbeta den helgen", för att därefter snabbt försvinna. Detta falskspel har jag aldrig förlåtit.

Så småningom ersattes "Gerda" av en betydligt mer jovialisk och tillmötesgående kollega som i sin förhandling om att överta ansvaret för schemaläggning, fick acceptans för sin begäran att 50% av arbetstiden skulle ägnas åt jour- och placeringsschemat. På det hela taget fungerade schemaläggningen under denna period till allmän belåtenhet och det var allmänt spridd kunskap att om man ville diskutera schemafrågor, så fanns goda möjligheter att lyckas genom att ringa Bollnäs sjukhus och be växeln söka efter den från Uppsala vikarierande kollegan.

*

Av och till brukar någon administratör få för sig att sjukvården behöver effektiviseras och rationaliseras, något som ofta går hand i hand med ett intresse för ökad dokumentation. Vid något tillfälle delades ett större antal frågor ut till de anställda, där man på gruppnivå skulle besvara frågor om dokumentation av olika arbetsuppgifter.

Det hela tedde sig någorlunda överkomligt ända till dess att man upptäckte att varje fråga var försedd med ett antal likalydande följdfrågor. Som en av uppgifterna gällde det att besvara hur man dokumenterade att man dokumenterat. Det må ursäktas om värdet av dessa frågor inte lämnat något bestående intryck; åtminstone inget bestående positivt intryck och kan möjligen förklara varför gruppens svar på följdfrågorna blev mer och mer raljerande eller hänvisade till "se ovan". Numera är det dryga 8 000 anställda på Akademiska sjukhuset. Runt millennieskiftet var det färre men fortfarande rörde det sig om flera tusen anställda, så kostnaden för frågestunden var inte helt obefintlig, samtidigt som resurser undandrogs den ordinarie vården. Det starkaste minnet från detta är den hurtfriska slutklämmen som den ansvarige myntade i sina instruktioner: "Det är vägen som är målet".

Ett annat exempel kommer från tidigt 2000-tal då Toyota-modellen var på ropet. Man skulle ha så små lager som möjligt för att minska lagerkostnaderna. Flera företag reste runt och föreläste om denna modell. Återigen utgick ett påbud, nämligen att all personal skulle utbildas i denna modell. Utbildningstillfället inleddes med kaffe och någon chokladbakelse för att fortsätta med en redogörelse från två sjukhusanställda som hade fått viss introduktion i Toyota-modellen. Auditoriet tyckte generellt synd om dessa tämligen osäkra personer som försökte förklara något, de själva inte hade riktig kläm på. Därefter vidtog en praktisk övning som gick ut på att vi med legoklotsar skulle bygga en liten låtsasbil genom att kommunicera med någon annan som satt på ett förråd av klotsar. De som skulle bygga bilen skulle då berätta vilken klots som behövdes, så att de i den framförvarande gruppen kunde plocka fram rätt klots och sända den vidare bakåt för montering. Varför inte gruppen som satt på ett förråd av klotsar själva kunde bygga låtsasbilen var och förblev ett mysterium.

Balanserade styrkort togs vid något tillfälle upp som en framtida lösning på de problem som verksamheten kunde ställas inför. Något mer än en kort beskrivning av denna möjlighet delgavs inte oss, som sysslade med mer patientnära uppgifter, vilket nog var lika så gott.

*

Återkomsten till Uppsala under tidigt 1990-tal innebar inte enbart en något tuffare klinisk vardag utan även helt andra möjligheter till fortsatt forskning. Efter att ha fått en startsumma från institutionen, så kunde jag så småningom bygga upp en verksamhet med forskning var inriktad på sepsis (i dagligt tal "blodförgiftning"). Institutionen hade ett väl utrustat laboratorium avsett för djurförsök. Sövda grisar fick en intravenös infusion av endotoxin (en typ av bakteriegift, avsedd att simulera blodförgiftning). Olika mekanismer för att minska konsekvenserna av endotoxinet, liksom dess olika effekter studerades, vilket resulterade i ett antal publikationer.

Djurförsök kan vara känsligt att diskutera, men innan försöken får starta skall man ha ett godkännande från djuretisk kommitté där även universitetsveterinär skall ge synpunkter. Dessutom måste man gå en särskild utbildning i djurförsök, där godkänd kurs krävs. De djur, grisar eller andra, som skall användas i försökssyfte skall uppfödas just i detta syfte och uppfödare skall vara godkända av Jordbruksverket. Rent praktiskt, så gick försöken till så att uppfödaren gav varje gris lugnande medel före avresa och vid ankomst till laboratoriet förvarades grisen i sin transportlåda. Ytterligare lugnande medel gavs då grisen befann sig kvar i sin låda genom en injektion i nackmuskulaturen. Denna injektion föreföll grisen knappt notera. Grisen lyftes över på ett operationsbord och narkosen fördjupades ytterligare. Efter avslutat försök avlivades djuren, fortfarande sövda. Ett antal vetenskapliga publikationer har sitt ursprung i dessa experiment, vilka regelmässigt var inriktade på fysiologiska förändringar och hur dessa avspeglas biokemiskt. Härmed får jag uttrycka min stora tacksamhet och glädje över att detta värdefulla, utomordentliga och trevliga samarbete med en representant för klinisk kemi (A.L.) kom till stånd.

År 1997 blev jag docent och ambitionerna växte. Under en period förföljdes jag av otur då det gällde att hitta yngre medarbetare att introducera i forskning. Detta var under denna period då det var relativt ont om underläkare på kliniken och flera kollegor hade erhållit överläkartjänster genom att ställa ultimatum om att antingen erhålla dylik tjänst eller att sluta. Dessvärre lyckades detta i flera fall och ambitionen att kvalificera sig till överordnad tjänst genom forskningsmeriter minskade markant.

En underläkare föreföll dock intresserad och registrerades som doktorand med mig som handledare. Vederbörande drog dock stora mängder tid och energi utan att det gick att bibringa vederbörande någon som helst form av vetenskapligt tankesätt. Så småningom hade jag lagt ner arbete, långt bortanför rimlighetens gräns, i försök att få vederbörande att disputera. I princip hade jag och några andra seniora forskare skrivit den helt överväldigande delen av de delarbeten som var tänkta att ingå i en eventuell avhandling. Till slut hade vi då kommit till den punkt där endast sammanfattningen av forskningsresultaten skall redovisas, något som går att göra tämligen enkelt om man bara vet och förstår vad som gjorts och publicerats. Detta är det finala arbetet innan det är dags för disputation och som även innefattar ett antal uppskattande rader om kollegor, släkt och vänner. Tyvärr fungerande inte ens detta, så efter ett antal påstötningar från min sida, så återtog vederbörande till slut faktiskt sin ansökan om doktorandutbildning. Givetvis kunde jag även ha skrivit sammanfattningen, inkluderande ett tack till vederbörandes föräldrar, vilka jag för övrigt aldrig träffat. Dock kände jag att någon gång måste jag sätta ned foten och markera. Hade jag även skrivit sammanfattningen, så hade detta förvisso lett till att min akademiska karriär nått ytterligare ett trappsteg uppåt, men det hade känts fel, särskilt med tanke på hur doktorander normalt arbetar och sliter med sina avhandlingsprojekt.

Dock kan sägas att jag blev senare rikligt kompenserad genom att få vara huvudhandledare till två lysande kollegor, vilka bägge gjorde strålande disputationer vilka visade på hög grad av både kunskap och självständighet. Kort och gott, så var det en ära och ett nöje att få samarbeta med dessa ambitiösa och vetenskapligt sinnade vänner och kollegor. Bägge är både kliniskt och vetenskapligt fortsatt mycket framgångsrika. Som underhållande anekdot i sammanhanget kan man erinra sig att den ene, rutinerad och duktig fäktare, gav mig en god lektion i denna ädla konst. Den andre, vilken i likhet med författaren, i många år tränat kyokushin karate, har jag haft nöjet att sparra emot. Som goda vänner i dojon pucklade vi på varandra efter bästa förmåga, för att avsluta med omfamning, ömsesidigt beröm och gå vidare för att möta näste sparringpartner.

*

Av och till känns det som att man behöver göra något nytt i livet och år 2001 fick jag möjligheten att börja som "Medical Advisor" på Sanofi-Synthelabo, senare Sanofi-Aventis. Tjänsten var placerad på Clinical Research Unit. Trots namnet gavs knappast något utrymme för egna initiativ inom forskningen utan det gällde att implementera företagets forskningsprojekt så snabbt som möjligt. Studierna var i Fas II respektive Fas III. Terminologin kan i yttersta korthet förklaras enligt följande: Fas II avser en studie där ett nytt läkemedel, under utprovning, ges till ett begränsat antal forskningspersoner, normalt patienter, för vilka läkemedlet är tänkt att användas. I Fas III ges läkemedlet till patienter i flera olika studier, oftast med något varierande utformning. Vanligtvis utförs dessa studier i flera olika länder. Efter utvärdering och analys av resultat de kliniska prövningarna grund för senare eventuell registrering och därmed även marknadsföring av läkemedlet.

*

Det är tyvärr en spridd missuppfattning att läkemedel testas "bakom ryggen" på icke-informerade patienter. Inget kunde vara mer fel. Först och främst skall en studie bli godkänd av både etisk och regulatorisk myndighet, nämligen Etikprövningsmyndigheten (EPM)] respektive Läkemedelsverket. I EPM:s beslut deltar både expertis och lekmän. Läkemedelsverket har hög kompetens då det gäller att värdera kliniska prövningars relevans för det tänkta användningsområdet. Dylik bedömning kräver kompetens avseende studieupplägg, tolkning av data, bedömning av klinisk betydelse och statistik likaväl som kunskap rörande läkemedels omsättning och effekter i kroppen. Bägge ställer höga krav och det är inte ovanligt att ansökan får göras om några gånger innan nålsögat är passerat och studierna får påbörjas.

Därefter vidtar en del praktiska detaljer som att hitta centra som behandlar eller på annat sätt ser dessa patienter och som har resurser att avsätta för en tämligen tidsödande verksamhet. Deltagande i en studie är frivilligt och skall godkännas av forskningsperson/patient. Vederbörande kan när som helst avsluta sitt deltagande i studien utan att detta påverkar den fortsatta vården. Information om studien skall ges både muntligen och skriftligen och skälig betänketid skall ges. Forskningspersonen skall genom namnteckning godkänna sitt deltagande, vilket skall göras innan ansvarig läkare undertecknar. Detta för att forskningspersonen inte skall riskera att känna det som en påtryckning att delta i studien utan att detta verkligen är helt frivilligt.

Normalt testas det nya läkemedlet dubbel-blint, det vill säga varken den som delar ur läkemedel/behandlade läkare/övrig personal eller patient vet vad som ges. Facit finns förstås tillgängligt, men är hemligt i detta skede. Möjlighet till kodbrytning finns dock om någon oväntad svårighet skulle uppstå. Om det nya läkemedlet "A" testas, så skall "A" jämföras mot bästa tillgängliga behandling som finns att tillgå och för godkännande krävs att "A" har bättre effekt, färre biverkningar, är billigare eller på annat sätt klart bättre.

För godkännande och därmed möjlighet att marknadsföra ett nytt preparat skall strikt vetenskapliga kriterier tillämpas, något som granskande myndigheter så småningom kommer att nagelfara. Om ett nytt läkemedel har en helt ny indikation, det vill säga ingen vedertagen behandling finns, kan läkemedlet testas mot placebo, vilket innebär att man jämför mot en verkningslös substans. För att möjliggöra dubbel-blind testning skall kontrollsubstansen utformas så att man inte kan sluta sig till vilken behandling som ges. Vare sig det handlar om tabletter, kapslar eller injektioner, ska dessa alltså vara identiska till utseendet.

Den ersättning som ges till de läkare/kliniker som rekryterar och behandlar de patienter som är med i studien används i mycket hög utsträckning för att finansiera egna forskningsprojekt och egen vidare-utbildning och deltagande i internationella kongresser, något jag själv haft möjlighet att få göra i egenskap av kliniskt verksam läkare med ambition kring fortsatt utbildning och inhämtande av ny kunskap. Forskningshuvudmannen (exempelvis universitet) ansvarar för att ekonomin sköts korrekt. Ersättningen betalas sålunda inte ut som någon form av privat löneförmån.

Kostnaderna för utvecklande och godkännande av nya läkemedel är, inte oväntat, mycket höga. Från ax till limpa får man räkna med en kostnad på upp emot 25 miljarder kronor för ett enda preparat. I korthet kan sålunda sägas att verksamheten är mycket strikt reglerad och byråkratin kan ibland kännas något tungrodd men å andra sidan är det för alla inblandade syftet att möjliggöra ny och förbättrad terapi.

En klinisk prövning i senare fas av ett nytt läkemedel kan inte göras utan sjukvårdens insatser gällande rekrytering och behandling av patienter, antingen med det nya läkemedlet eller med dess jämförelse-substans, "komparator". De som arbetar med en klinisk studie skall ha genomgått utbildning i bland annat Good Clinical Practice, som reglerar samspel mellan sjukvård och industri, vad man får och inte får göra, patientsäkerhet och rapport av biverkningar. De vardagsbekymmer som drabbar oss alla i form av tillfällig huvudvärk, illamående, magbesvär, förkylning med mera noteras och registreras, i avsikt att senare jämföras med förekomst av motsvarande bieffekter som noterats efter administration av kontrollsubstansen (komparatorn). Dock måste man noga notera och i vissa fall även rapportera till myndigheter om mer allvarliga och oförutsedda biverkningar uppstår. Vänligen, obser-vera att dessa rader inte har som ambition att ersätta det mycket omfattande regelverk som finns avseende kliniska prövningar och rapportering av biverkningar, vilket den intresserade har möjlighet att ta del av exempelvis via Läkemedelsverkets hemsida. Blodprover tas regelbundet för att följa eventuella biverkningar på olika organsystem. Nytta visavi biverkningar kan liknas vid en vågskål där de positiva effekterna måste väga tyngst. I vissa fall har läkemedel inte blivit godkända om det kan misstänkas att biverkningar inte står i rimlig proportion till nyttan. Efter registrering utförs fas IV studier där fördelar gentemot nackdelar av ett visst preparat studeras i klinisk praxis.

Resultaten av klinisk prövning brukar ofta resultera i en vetenskaplig presentation på en internationell kongress dit medverkande inbjuds, något som antagligen givit upphov till rykten om påstådda lyxresor som läkemedelsindustrin vill använda för att muta läkare. Samspelet mellan industri och sjukvård är idag så noga reglerat att den som eventuellt oroar sig över otillbörlig påverkan kan koppla av. Därmed inte sagt att en del överdrifter inte förekom, speciellt då det gällde vissa, för företag, betydelsefulla personer för sisådär 50–60 år sedan. Ett exempel var vad en äldre och mer erfaren branschkollega, för vilken jag har det största förtroende, berättade om den "Key Opinion Leader" ("influencer") som fick förtroende att själv boka sin kongressresa via resebyrå och där räkningen skulle ställas till det företag där min kollega arbetade. Detta förtroende resulterade i att ifrågavarande läkemedelsföretag fick betala exklusiva flygbiljetter inte bara för nyssnämnde "Key Opinion Leader" utan även för hans hustru. Hade någon ens försökt med motsvarande idag, så hade det garanterat resulterat i att företaget gjort en polisanmälan, men den gången svaldes förtreten.

Arbetet inom läkemedelsindustrin erbjöd flera positiva konsekvenser, bland annat det nationella och internationella samarbetet med potential att bidra till nya terapeutiska möjligheter liksom goda förutsättningar till fortbildning och, inte minst, utveckling på det personliga planet. Arbetet inom industri innebar, åtminstone på den tiden, en hel del resande både nationellt och internationellt med nya möten. Att vara anställd på ett franskt bolag innebar flera besök i Frankrike och möten med franska kollegor, något som vidgade vyerna.

*

Vid ett tillfälle var vi några utvalda som skulle representera företaget vid ett besök hos Federal Drug Administration (FDA) i Philadelphia för att diskutera ett eventuellt godkännande av ett nytt läkemedel. Ett förberedande möte hölls i Washington D.C. Tåg går från flygplatsen Newark i New York, så det var ett smidigt resealternativ i USA. Jag langade upp min resväska på hyllan och satt i godan ro tillsammans med en kollega och så småningom var vi framme. Efter att ha klivit av tåget gick vi en bit och jag skulle titta på klockan. Det var då jag gjorde upptäckten. Mitt armbandsur var borta.

Klockan, av märket Eterna Matic, hade jag ärvt efter min far som fått den av Stockholms Kriminalpolisförening, sannolikt efter tjugofem års tjänstgöring vid kriminalpolisen. Klockan var delvis guldpläterad med ett tämligen måttligt kommersiellt värde, men med ett mycket högt affektionsvärde. Det var ingen rolig start på uppdraget. Det var oklart om jag tappat klockan eller om någon fingerfärdig person lyckats öppna armbandet. Hur får man tillbaka en förlorad klocka i en obekant mångmiljonstad? En tanke var att en upphittare går till en pantbank och får kontant ersättning. I så fall skulle det kanske gå att köpa ut klockan. Den hade en inskription på baksidan, så klockan var lätt att beskriva. Tiden gick och det var i princip enbart telefonsvarare som tog emot samtal.

En idé var "Lost and Found" på järnvägsstationen, där det gick att spela in ett telefonmeddelande. Följande morgon, i hotellreceptionen, frågade en i personalen efter mitt namn och meddelade: They have found your father's watch" och lämnade över telefonen. Nu skall man veta att den gamla typen av stationära telefoner var försedda med en klyka och då man lade något på klykan, så bröts samtalet per automatik. Personen i receptionen lade tummen på klykan och räckte över telefonen där samtalet nu hade brutits. Det var oklart vem som hade ringt och varifrån. Dock, ringde vederbörande en gång till och berättade att klockan fanns på järnvägsstationens hittegodsavdelning.

Det blev taxi i stället för frukost och vid ankomst till stationen, så överlämnade jag en sedel till taxichauffören, som gav växel tillbaka. En hastig kontroll visade att jag fått betydligt mer tillbaka än jag hade betalt. Ett snabbt påpekande att summan inte stämde, möttes av ett utomordentligt surt ifrågasättande av mitt påstående om att det blivit fel växelpengar som han lämnat tillbaka, men efter påpekande att jag fått för mycket tillbaka i växel, så förändrades tonfallet betydligt. Nu brukar jag vara en hederlig och rationellt tänkande person, men i detta ögonblick fick jag en ingivelse av vara utsatt för ett test från någon himmelsk makt som bedömde min karaktär; detta med klockan som insats. Väl inkommen till tågstationen och ankommen till hittegods, gick allt snabbt och effektivt. Den vänliga damen på hittegodsavdelningen fick en slant i dricks som antagligen inte var under den genomsnittliga. Det visade sig att en person på tåget hade hittat klockan och lämnat in den på hittegodsavdelningen. Sannolikt hade klockan lossnat från handleden då jag lyfte upp min resväska på bagagehyllan. Armbandet på klockan var inte helt anpassat till boetten.

Lyckligt återkommen till hotell och förberedelser inför FDAs kommande grillning, diskuterade jag det inträffade med en amerikansk kollega och påtalade att någon vänlig själ lämnat in klockan. Kollegan skakade på huvudet och svarade: "Such things do not happen in US", väl medveten om att han faktiskt inte hade rätt, så det var mer ett uttryck för häpnad. Klockan ligger numera i tryggt förvar.

FDA är den amerikanska motsvarigheten till svenska Läkemedelsverket och är en, med rätta, fruktad myndighet. De kan sända ut inspektörer för att kontrollera verksamhet på såväl stora som små företag, på något sätt engagerade i läkemedel. Inspektörerna är utbildade av FBI och vet hur man snokar i detaljer och avslöjar oegentligheter. För att komma in i FDA:s byggnad går man först genom en säkerhetskontroll som är mer minutiös än kontrollen på en flygplats. Därefter vidtog en mycket formell process, där var och en fick presentera sig, redogöra för sin roll och bakgrund.

Som kuriosa i sammanhanget kan nämnas att FDA började engagera sig så hårt i läkemedelshantering berodde på att man någon gång i världen hade testat och jämfört två olika läkemedel från två olika företag. Det hade visat sig att innehållet i de bägge preparaten inte enbart var identiska, utan även av exakt samma koncentration. Förklaringen uppenbarades efter en ordentlig undersökning, som visade att företag X köpte in medicin från företag Y, färgade om tabletterna i en ny kulör och sålde vidare, med största sannolikhet till högre pris.

Även möten i Sverige kunde vidga vyerna. Vid ett tillfälle hävdade en prominent företrädare för psykiatrisk sjukvård i sydvästra Sverige att landstingen borde kunna skapa egna mediciner och att det där med effekt av ett nytt läkemedel egentligen inte var så himla noga eftersom placeboeffekten oftast är tämligen påtaglig. Den som läst och förstått ovanstående vet nu att vid en klinisk prövning av nytt läkemedel skall det nya preparatet jämföras och skillnad mellan ett nytt farmaka och komparator skall utvärderas mycket strikt. Detta är uppenbarligen inte allom bekant, något som läkarutbildningen, enligt mitt förmenande, borde informera om. Att dagligdags använda läkemedel, men inte känna till hur de utvärderas för godkännande ter sig minst sagt märkligt. Förhoppningsvis, lyckades jag klargöra att noterande av placeboeffekt i största allmänhet, inte är tillräckligt för godkännande och därmed användning av ett nytt läkemedel, något som den alerte läsaren nu är medveten om.

*

Tillsammans med kollegan och gode vännen A.H., författade jag 2002 den sökbara artikeln Vampyrism ur medicinsk och historisk synvinkel – roar och oroar, vilken, samma år, publicerades i Läkartidningen. Omslaget pryddes av en bild av Christopher Lee, föreställande Dracula i en film med samma namn. Syftet var som angivits att roa, men även att lite granna oroa, då vi även rekapitulerade en del av de grymheter som kännetecknade den tidsperiod då den historiske Vlad Tepes Dracula (1430–1476) levde och synnerligen aktivt bidrog med närmast ofattbara grymheter. Vi gjorde även en del försök att medicinskt förklara framför allt vampyrmyten. Den mest kände uttolkaren av Dracula var sannolikt ungerskfödde skådespelaren Bela Lugosi som lär ha haft en enastående dragningskraft på det motsatta könet. Han uppgav att 97 procent av all beundrarpost kom från kvinnor.

Utan att ha fått motsvarande uppmärksamhet i form av beundrarinnepost, blev vi dock intervjuade i radioprogrammet *Vetandets värld*. Därefter hörde TV-programmet *Hjärnkontoret* av sig för att göra ett avsnitt om vampyrer. Det hela var mycket ambitiöst upplagt, då man bland annat beredde oss tillträde till Spökhuset på Gröna Lund, som egentligen var stängt för säsongen. Den miljön i kombination med TV:s professionella sminkning, slängkappor och andra vampyrattribut bildade en passande ram till vår berättelse. Programmet sändes i TV och gav viss uppmärksamhet, inte bara i bekantskapskretsen utan även de dagar, då jag hade äran att lämna eller hämta barnen på förskolan. Man kan lugnt säga att min närvaro på skolgården noterades av den samlade barnaskaran.

Någon gång strax efter, skulle jag på ett mer officiellt möte i Stockholms centrala delar och hade därför anledning att se tämligen proper ut. På väg dit blev jag, tillsammans med en av de som för en mindre bemedlad tillvaro, stående vid ett övergångsställe. Han tittade noga och kommenterade ganska så vänligt: "F-n, vad du är snyggt klädd". Efter att ha tackat, så kom nästa kommentar: "Du måste tjäna bra som är så snyggt klädd". Svarade lite lätt blygsamt att det bara var att tillstå att ekonomin i alla fall går runt. Nästa replik kom snabbt och målmedvetet: "Då har du råd att ge mig en tia till en vinare". Det var ju bara att instämma och plocka fram plånboken. Någon gång under vårt korta, men minnesvärda samtal, skrattade jag. Han tittade, inte utan ett visst inslag av förskräckelse och replikerade: "Fan, du ser ju ut som den där vampyren på TV som jag såg när jag satt i värmestugan".

*

Efter ett antal år inom läkemedelsindustrin och inom olika företag, så återgick jag så småningom, på gott och ont, till Akademiska sjukhuset. Den trygghet en fast anställning ger var inte så lätt att få. Vikariat som sträcker sig över sex månader, ibland kortare tid, är vanliga.

Efter en tids vikarierande som överläkare utlystes en fast tjänst som överläkare inom anestesi och intensivvård vid Akademiska sjukhuset. Givetvis sökte jag. Efter ett tag blev jag uppringd av verksamhetschefen som bad mig att komma upp på hans rum. Vi kände varandra sedan många år och har alltid haft goda relationer, något som inte ändrade på det faktum att en gnagande känsla av oro uppstod. Hade jag sagt eller gjort något dumt? Ibland kan man skämta och något kanske upplevts som nedsättande eller hade något än värre hänt?

Det visade sig så småningom att min ansökan hade rört till det i sjukhusets högre administrativa sfärer. En kollega vid anestesikliniken med visst mandat, hade nämligen lovat en högt uppsatt kirurgkollega att om en viss, specificerad, anestesiolog fick den aktuella tjänsten, så skulle detta resultera i att vederbörande anestesikollega skulle använda sitt mandat för att som, "tack för hjälpen", göra sitt bästa för att styra så att ett antal icke-vidareutbildade sjuksköterskor skulle anställas på intensivvårdsavdelningen och att kirurgkliniken härigenom skulle kunna få möjlighet att operera fler patienter med behov av postoperativ intensivvård. Att kvaliteten på den postoperativa intensivvården sannolikt skulle bli lidande sågs inte som något större problem från de inblandades sida. Kvantiteten var den variabel som var intressant.

Vederbörande kirurg hade mycket att säga till om då det gällde bedömning av kompetens inför tillsättning av högre tjänst och det regelmässiga förfarandet är att de fyra mest meriterade sätts upp som förslag och verksamhetschefen väljer en av dessa fyra.

Vid det samtal som följde med min närmsta chef stod det klart att jag inte var uppsatt bland de fyra mest meriterade och därför kunde jag inte komma ifråga för att få tjänsten. Det var nog svårt att avgöra vem av oss som var mest illa berörd av detta beslut; det går knappast att förneka att jag enligt gängse kriterier var mest meriterad, men detta hade man kommit runt genom att i sakkunnighetsutlåtandet skriva att: "Eriksson har arbetat inom läkemedelsindustrin och kan därför inte komma ifråga för den aktuella tjänsten".

Beslutet kändes svårsmält och jag beslöt mig för att överklaga till Socialstyrelsen. Innan detta var möjligt skulle en jurist vid sjukhuset granska min skrivelse. Vederbörande ansåg att det fanns belägg för överklagande och därför gjorde Socialstyrelsen en ny bedömning där man kom fram till att jag förvisso var kompetent. Annat hade i och för sig varit mycket märkligt då jag tidigare, i flera år, haft överläkartjänst vid Akademiska sjukhuset.

Men, men…bland införstådda följeslagare och gamla kompisar, kan en hel del förhandlingar och diskussioner skötas lite diskret i kulisserna, så det var en stor lättnad för mig att få läsa beslutet svart på vitt. Den dagen som beskedet från Socialstyrelsen damp ned i mitt brevfack, så passerade vederbörande kirurgkollega, omgiven av sitt hov, in på expeditionen med brevfack. Det föll sig helt naturligt att hålla upp dörren, hälsa extra vänligt och att hålla upp Socialstyrelsens skriftliga beslut så att det var omöjligt att inte uppmärksamma. En gissning är att det var både första och sista gången vederbörande kirurg inte fick sin vilja igenom. Efter detta blev det ett nytt samtal med min chef som omedelbart gav mig tjänsten och då det gällde lön, såg han lite mellan fingrarna avseende det lönetak som personalavdelningen hade satt.

*

Min chef gav ibland ett lite eftertänksamt och snudd på försiktigt intryck, något som inte stämde med verkligheten. Tvärtom, bakom denna mask dolde sig en slipad, viljestark och resolut person med starkt rättspatos. Ett minne som stärker denna bild, var då en mycket kompetent kollega helt oförskyllt råkat extremt illa ut i helt andra sammanhang.

Den minnesgode kan erinra sig en tragisk historia av karaktären justitiemord, som inträffade vid Astrid Lindgren sjukhuset. Så småningom blev kollegan ifråga frikänd från alla misstankar, men vägen till frikännande var såväl lång som komplicerad och måste ha upplevts som ytterst traumatiserande. Det finns en hel del skrivet runt detta. Ett av många förslag på vidare läsning runt detta är Kjell-Olof Feldts och Birgitta von Otters Barnläkarfallet – en förnekad rättsskandal.

Den misstänkta kollegan fick under en längre period inte arbeta som läkare och stod därmed helt utan försörjning, vilket löstes genom en temporär konsulttjänst för att reformera barnintensivvården i Uppsala, något som var välbehövligt. Några sjuksköterskor reagerade negativt och gick till vår gemensamme chef och förklarade att om denna för brott misstänkta person skulle anställas som konsult, så kommer de att säga upp sig från sina respektive tjänster vid intensivvårdsavdelningen. Detta skedde i en tid då det var ont om vidareutbildade intensiv-vårdssköterskor. Efter att de presenterat sitt ultimatum kom verksam-hetschefens lugna och vänliga svar: "Och när vill ni sluta?" Efter detta ebbade diskussionen så sakteliga ut.

Efter denna parentetiska utblick, återgår vi till några detaljer runt konsekvenserna av min tjänstetillsättning.

Relationen med den inflytelserika kirurgkollegan utvecklades trots allt i rätt riktning och vi kunde samarbeta mycket bra. Detta manifesterades en natt då vi bägge blivit uppringda och fått åka in till sjukhuset med anledning av att en pojke blivit svårt skadad i en trafikolycka och bland annat drabbats av en omfattande leverskada. Då läget var kritiskt, var det inte alls givet att utgången skulle bli lycklig. I detta läge manifesterades hans professionella kompetens och såväl kommunikation som samarbete fungerade så bra man någonsin kunde begära.

Så småningom kunde operationen avslutas och pojken överfördes till intensivvården även om denna korta sträcka innebar ett smärre äventyr. Såvitt jag vet avlöpte det hela till slut på bästa sätt.

*

Någon gång under denna tidsperiod tog jag upp frågan om professur med företrädare för universitetet och han var mycket positiv till detta. Vi diskuterade frågan vid några tillfällen och han såg det som en formsak att komma med ansökan, vilken han skulle tillstyrka då jag uppfyllde de formella kraven för en professur vid den medicinska fakulteten. För att samla meriter avvaktade jag under en period då forskningsarbetet löpte bra och antalet publikationer växte. Dessvärre skedde ett byte av befattningshavare vid universitetet och vid förnyad diskussion fick jag kalla handen, med motivation att jag var för gammal. För att erhålla adjungerad professur förväntades man vara forskningsaktiv ytterligare minst tre, helst sex år. Om mina fortsatta forskningsresultat var uppskattade eller inte kan uppenbarligen diskuteras och nu hoppar jag ett antal år framåt i tiden… Häng med!

Efter att som pensionär ha emigrerat, men fortfarande med pågående forskning hade jag önskemål att resa på internationell vetenskaplig kongress för att redovisa resultat. Detta renderade i februari 2019 i ett formellt mail i universitets namn, där den nye befattningshavaren skrev:

"…Du är utvandrad från Sverige, vilket på något sätt ytterligare förstärker att du tar avstånd från våra regler som gäller här, och än svårare att hävda att du går i Institutionens och Universitetets namn. Du är ju pensionär och har därför ingen formell koppling till Landstinget längre, än mindre till Uppsala Universitet. Om man ska på en konferens i Universitetets namn bör man ju ha pågående forskning."

Efter att ha förklarat min forskning fick jag svaret att vederbörande tittat igenom regelverket och insett att man förvisso kunde vara både pensionär och utlandsboende, men ändå bedriva forskning vid Uppsala universitet. Någon ursäkt för detta har jag dock aldrig fått. Det kan dock noteras att mer än tio år efter att jag ansågs för gammal, så är jag fortfarande vetenskapligt aktiv med tretton vetenskapliga publikationer enbart under de senaste fem åren samt ytterligare två arbeten som är inskickade och under bedömning för publikation. Som sammanfattning kan sägs att det inte alltid är så högt i tak vid Akademin.

Hur som helst, så har jag, via intresse för forskning, kunnat besöka samtliga världsdelar för att hålla föredrag och presentationer, i flera fall som personligt inbjuden talare, vilket givetvis är en stor ära.

*

Då jag började arbeta som läkare och intressera mig för forskning så användes datorer för vissa, tämligen enkla, statistiska beräkningar. Kapaciteten hos den tidens datorer var närmast jämförbara med dagens mer avancerade miniräknare. Information om publicerade resultat inom forskning presenterades i ett litet häfte med benämningen "Current Contents". Här kunde man leta (och oftast även hitta) sökord i alfabetisk ordning och vid respektive ord fanns kort information om vilka sidor i häftet, där man kunde hitta ordet ifråga. På de angivna sidorna fanns sökordet angivet i rubriken på publicerade arbeten.

I korthet kan sägas att det var ganska mycket letande och bläddrande innan man hittade något av intresse, men när så var fallet, så fyllde man i en beställningslapp med publikationens bibliografiska information och sände lappen till biblioteket. Efter några dagar kom en fotostatkopia i papper av publikationen. Det kunde löna sig att beställa publikationer ganska brett och ibland av lite mer perifert intresse, då publicerade arbeten ofta innehåller citerade arbeten, referenser, vilka i sin tur kunde vara av värde vid insamlandet av kunskap och publikationer som passade för att värdera egna fynd och slutsatser. Ett annat sätt att hitta information var givetvis även att läsa tidskrifter i pappersformat inom det fält där man var vetenskapligt verksam. Vanligtvis räckte det med att ögna igenom titlarna på de arbeten som presenterades i respektive nummer av aktuell tidskrift.

Någon gång i skiftet mellan 1970- och 80-talen kunde man börja söka relevanta publikationer i stora databaser. Den stora fördelen med detta var att man kunde ange flera olika sökord och på så sätt snäva in antalet intressanta publikationer. Detta krävde dock tillgång till bibliotekarie, vanligtvis på universitetsbibliotek, som kunde hjälpa till med att hitta lämplig bibliografisk kod för respektive sökord och även avgöra lämplig hierarki på terminologin så att inte antalet träffar blev oöverskådligt stort eller alltför få. Ofta tog man till lite i överkant i sökningarna, resulterande i att man gick därifrån med en rejäl pappersbunt under armen. När hemdatorerna kom i bruk och man kunde sitta hemma och skriva, så infann sig så småningom möjligheten att koppla upp sig till universitet och senare även direkt till databaser för att söka information om publicerad vetenskap. Detta var något av en revolution, vilken medförde att såväl färska som äldre publicerade arbeten blev tillgängliga att läsa och referera. Ytterligare ett framsteg är referenshanteringsprogram, vilka låter författaren skriva in referenser direkt i manuset och som per automatik formaterar en bifogad referenslista.

På så sätt vill jag påstå att dagens forskning till stor del har höjt sin kvalitet tack vare IT. Även i den kliniska vardagen har monitorering genomgått en revolution tack vara tekniska framsteg i kombination med förbättrad datorkapacitet och utrustning. Artärnål (en kanyl som vanligen sätts i en pulsåder på handleden) fick (fritt ur minnet) sitt genombrott senare delen av 1980-talet. Dessförinnan användes de mycket sparsamt, i princip enbart för stor kärlkirurgi. Användningsområdet är att kontinuerligt kunna följa blodtryck (och puls) samt att kunna ta artäriellt blod för analys av syre- respektive koldioxidhalt, pH liksom flera andra analyser, vilka ger värdefull information. Ett antal år dessförinnan var den monitor som användes i princip lika stor som ett ordinärt badkar och krävde upprepade kalibreringar för att visa ett åtminstone ungefärligt korrekt blodtryck. Såväl handhavandet som precisionen i mätningarna förbättrades radikalt i och med tillkomsten av de nya verktygen för tryckmätning och de nya monitorerna, något som, givetvis, i mycket hög grad ökade användningen av den intraartäriella tryckmätningen. Möjligen kan man idag ana en viss övertro på behovet av invasiv tryckmätning, då det i ibland, framför allt för mindre rutinerade narkoskollegor, tagit längre tid för vederbörande att rigga upp tryckmätningen än för kirurgen att utföra det kirurgiska ingreppet. Något som framkallat berättigad irritation hos kirurgkollegor, då tiden för narkos påtagligt förlängts och därmed torde den positiva nettoeffekten av mer kvalitativ tryckmätning ha gått förlorad.

Även mätning av centralt ventryck rationaliserades och förbättrades genom tekniska framsteg inom den datoriserade världen. Fram till början av 1980-talet mättes centralt ventryck närmast mekaniskt, via en vätskepelare som stod i förbindelse med den centrala venkatetern, vilken har sin spets strax ovan hjärtats högra förmak. Mätning av centralt ventryck gjordes då via ett system av slangar där man vid mättillfället hade katetern öppen "mot luft" för att manuellt läsa av trycket mot en cm-graderad skala. Detta var för övrigt en uppgift som tidigare anförtrotts oss extravakter på intensivvårdsavdelningar.

När det gäller IT i sjukvården är jag betydligt mer kritisk till vissa delar av utvecklingen. Initialt var jag tämligen positiv. Det datoriserade journalsystem som introducerades i Uppsala någon gång under tidigt 2000-tal hade som en av de stora fördelarna att man i den elektroniska journalen kunde hitta information om en patient där informationen hade sitt ursprung på olika kliniker. Som exempel kan sägas att om en patient nämnde att något speciellt hänt i samband med narkos på en annan klinik än den nu aktuella, så var det enkelt att gå in i den datoriserade journalen och leta fram vad som hade hänt.

På den tiden när journalerna var i papper, så hade varje klinik sina egna journaler och de var visserligen tillgängliga, men skulle beställas för att så småningom levereras, något som, i bästa fall, kunde ske utan alltför långa dröjsmål, men som ibland drog ut på tiden och, särskilt under jourtid, var svårt. Vissa delar av en datajournal kan vara konfidentiella även för sjukvårdspersonal och ytterligare en fördel är att tillträde till journalerna loggas och att "alla" har inte tillgång till "allt". Samtliga journalsystem är dock inte uppbyggda på detta sätt, utan vissa sjukhus har system där får man sitta och byta mellan kliniker på ett ganska så tidsödande sätt. Varför man inte har ett nationellt journalsystem har jag aldrig förstått. Patienten NN från X-stad, som råkar ut för akut sjukdom i samband med besök i Y-köping skulle sannolikt vinna säkerhetsmässigt på tillgång till den journalinformation som finns på hemorten.

Så långt känns det mesta rätt och riktigt även om en del arbetsuppgifter tar längre tid i och med att dokumentation blivit mer omfattande och omständligare. Värre blev det med introduktionen av ytterligare ett system för dokumentation, vilket inte kommunicerar med det första. Helt plötsligt har vi läkare uppgifter på två skärmar att jämföra med varandra och då gäller det att leta fram vad som eventuellt kan vara av värde i det ena systemet, men inte i det andra. Ofta förefaller det vara att man läser i system A och bekräftar i system B. Ett observandum är att systemen inte visar vem som gjort vad utan vem som är omnämnd i sammanhanget. Annars kan den som känner sig undersysselsatt alltid råda bot på detta genom att ägna sig åt elektronisk tidrapportering.

Som personlig, men långt ifrån unik, synpunkt vill jag påstå att Parkinsons lag ("En arbetsuppgift kommer att utvidga sig så att den fyller den tid som finns tillgänglig för att utföra den") tyvärr har blivit applicerbar inom stora delar av den datoriserade sjukvården.

Att jag sedan omedelbart måste säga emot mig själv är en annan sak, då utvecklingen inom kanske framför allt, men definitivt inte enbart, röntgen och kärlkirurgi, närmast exploderat i förmåga att både diagnosticera och intervenera på ett sätt som tidigare närmast tedde sig som science fiction. Idag är mycket av detta spridd praxis, vilken kommer fler och fler patienter till godo. Detta baserar sig på framsteg, utveckling och kunskap där landvinningar inom datavetenskap utgör grunden för imponerande förmåga till insamlande av information och beräkningar.

Engagemang i ett rättsfall. Justitiemord?

Några läsare kanske kan erinra sig historien runt det styckmord vilket ägde rum i Stockholm 1984 och rättsprocessen som pågick fram till 2012.

Mitt intresse i detta är grundat på kännedom om obduktionsverksamhet och flera diskussioner som jag någon gång runt millenieskiftet hade med den numera avlidne, professorn i juridik, Anders Agell, Uppsala universitet, som, helt förgäves, engagerade sig till förmån för de bägge läkarna. Vi förenades i vår gemensamma åsikt att rättsprocessen lämnade mycket i övrigt att önska och att alltför många frågetecken runt händelseförloppet kvarstod.

I yttersta korthet kan sägas att två läkare misstänktes för mord och styckning av en prostituerad kvinna i Stockholm. De gick i massmedia under beteckningarna "Obducenten", vilket stämmer då han arbetade som rättsläkare respektive "Allmänläkaren". Utan att vara 100% säker, tror jag att den senare gjorde AT i öppen vård. Hur som helst, beskrivning av detta mål kan lätt hittas exempelvis på Wikipedia. Personligen rekommenderar jag boken Döden är en man – historien om Obducenten och Allmänläkaren.

Vid den första rättegången begicks flera fel och den fick därför tas om. Vid förnyad rättegång (1988), frikändes läkarna från mordet, men man skrev i domen att det var "ställt utom allt rimligt tvivel" att läkarna hade styckat den mördades kropp. Brottet var då preskriberat och då läkarna inte åtalats för detta kunde de därför heller inte försvara sig mot anklagelserna!

Tidpunkten för styckningen brukar anges till pingsten 1984 (att denna tidpunkt ifrågasatts är, ytterligare, en för Polisen besvärande omständighet, som borde kartlagts bättre), där den centrala delen i mitt resonemang är att den tid man hade till förfogande för styckningen skulle röra sig om cirka en timme. Vad man glömt, är att läkarna, för att dölja sina förehavanden, i så fall behövt städa efter styckningen. Att städa efter en obduktion och att diska knivar och annan utrustning är inte en läkaruppgift, därför måste de misstänkta läkarna ha varit ovana vid detta, särskilt gäller det "Allmänläkaren". Hur lång tid tar en dylik städning? Jag skulle uppskatta att för vana obduktionstekniker borde detta ta åtminstone cirka 15–20 minuter inkluderande transport av lik. För läkare, ovana vid detta, borde det ta minst, dubbla tiden, om de ens då skulle hunnit göra detta så noga att en styckning, inkluderande deponering av likdelar i plastsäckar, inte upptäcktes påföljande arbetsdag. Blodspår eller andra tecken på okänd aktivitet på Rättsläkarstationen borde rimligen ha noterats och dokumenterats, redan innan Catrine da Costas kropp hittades. I mitt tycke är det fullkomligt orimligt att det ens skulle finnas minsta förutsättningar för att man skulle hinna utföra en styckning och att därefter undanröja bevis inom det tidsspann som, enligt uppgift, fanns att tillgå.

Det finns även andra egendomliga omständigheter. Som läkare har man förvisso kännedom om anatomi, men mycket ringa kunskaper om styckning och liknande aktiviteter. För en läkare, så bör det vara helt främmande att tänka sig en styckning där armarna sitter ihop med respektive skulderblad, vilket noterades när kroppen återfanns. Detta är dock praxis vid jakt och styckning av djurkroppar. I detta sammanhang förtjänar det att påpekas att Kammarrättens dom 1991 bland annat grundas på åsikten att en person som nyligen avlagt läkarexamen inte själv haft kapacitet att utföra styckningen på det sätt som skett; han måste därför ha utfört den med hjälp av en annan person, som hade dessa kunskaper. Förutom att resonemanget har karaktär av ett cirkelbevis (eftersom han (= "Allmänläkaren") inte hade denna kunskap (styckning), så måste han haft hjälp av någon med denna kunskap), så antar man att det någonstans i utbildningen (antingen till legitimerad läkare, eller i specialistutbildningen till rättsläkare) ingår någon form av kurs i styckning. En mer relevant fråga hade varit om någon av de misstänkta läkarna var jägare eller haft sin PRYO på ett slakteri.

1989 delegitimerades läkarna med anledning av tingsrättens påstående om att de hade styckat da Costas kropp, även om juristerna i nämnden var skiljaktiga.

Här får jag betona att min motivation i detta enbart var att bibringa sakkunskap i en fråga som man uppenbarligen förbisett och att en så viktig dom måste fattas på korrekta grunder.

Skamlöst(?) utnyttjande av min position i samhället

Min mor som med åren blev tämligen skröplig, med bland annat insulinberoende diabetes, fick hjälp av hemtjänst och hemsjukvård via vårdcentral belägen nordväst om centrala Stockholm på Järvafältet. Rinkeby. Utdelning av medicin överläts på hemtjänsten. På grund av smärta i knäna erhöll hon smärtstillande fentanylplåster, vilka låg lite huller om buller i hennes lägenhet; använda blandade med oanvända. Sköterska kom (sannolikt) varje dag och injicerade insulin, kontrollerade blodsockernivåer och skrev upp dagens glukosvärde och injicerad insulindos på det papper som fanns tillgängligt, vanligtvis baksidan av något gammalt kuvert på köksbordet. JA, jag menar verkligen vad jag skriver!

Vid något tillfälle hittade jag recept på insulin, vilket var doserat "32 i.e. i ögonblicket". Eftersom detta var en för mig tidigare okänd dosering, så ringde jag till apoteket och bad att få detta förklarat, vilket apotekaren ifråga inte kunde göra. Senare fick jag lära mig att dosering " i ögonblicket" egentligen är en ordagrann översättning från danska (i øjeblikket), men betydelsen är "vid behov". Förhållandena påtalades ett flertal gånger till den för hemsjukvården ansvariga, liksom för IVO, utan något egentligt resultat. Även hemtjänsten lämnade en del i övrigt att önska. Det fanns en timlista för närvaro som hemtjänstpersonalen skulle fylla i, men den hade inte några större likheter med den verkliga närvaron. Det skall dock sägas att några i hemtjänsten skötte sitt uppdrag helt enligt regelverket och närmast föredömligt, men det gällde uppenbarligen inte alla.

*

En lördag i slutet av juli 2008, blev jag uppringd av min mor som för en gångs skull planerade att ge sig utanför hemmets väggar, denna gång i sällskap med en väninna. Akut svår huvudvärk satte dock stopp för planerna, så jag blev kontaktad av min mor för att bestämma hur hon skulle göra med eventuell kontakt med sjukvården.

Att säga något vettigt om plötslig huvudvärk är inte så lätt, allra minst per telefon, men efter en stunds diskussion framkom det att huvudvärken var mer lokaliserad till ena sidan. På frågan om det kändes som hård, ömmande sträng strax framför örat, svarade hon "JA". Det gick definitivt inte att utesluta en så kallad temporalisarterit, en inflammatorisk sjukdom som obehandlad kan leda till plötslig blindhet, men som även kan orsaka andra komplikationer. Föreligger en temporalisarterit skall den omedelbart behandlas med kortison. Som sagt, detta var en lördag i slutet av juli. Att försöka reda ut vilket sjukhus i Stockholm, än mindre vilken klinik, som var tillämplig, var ingen lätt uppgift. Öronkliniken på S:t Görans sjukhus har ingen jour på helger, så detta var inte aktuellt. Då min mor tillhörde Karolinska sjukhusets medicinkliniks upptagningsområde och man där har reumatologklinik, som normalt handhar temporalisarterit, så rådde jag henne att söka där akut.

Det kom ett nytt telefonsamtal från mor där hon berättade att "tanterna i luckan" inte ville låta henne betala, än mindre släppa in min mor på akutmottagningen för undersökning. I stället hänvisade man till S:t Görans sjukhus' öronmottagning, kommande vardag. Inte helt oväntat, ville de inte prata med mig, så jag ringde sjukhusets växel och lyckades bli kopplad till reumatologjouren, vars automatiska telefonsvarare meddelade att vederbörande var på semester och skulle återkomma om några veckor. Det gick dock bra att lämna ett meddelande på telefonsvararen. Nytt telefonsamtal, denna gång till medicinjouren som gav en mycket positiv respons och omedelbart förstod att detta var något som tarvade akut undersökning.

Om jag inte minns fel, så gick vederbörande kollega ut i väntrummet, hämtade personligen in min mor till akutmottagningen, undersökte och konstaterade att det mycket väl kunde föreligga en temporalisarterit, varför omedelbar behandling med intravenöst kortison påbörjades. Därefter remitterades min mor till Huddinge sjukhus, där hon samma dag blev inlagd och fick stanna under någon dryg vecka för vidare behandling. Diagnosen verifierades genom att en bit av kärlet opererades ut i lokalbedövning och sändes för mikroskopisk bedömning.

*

Nästa öde och äventyr var vintertid, mitt i natten då jag återigen fick ett samtal från min mor. Det visade sig att hon sökt sjukhus på grund av allmän försämring, vilket inte var så konstigt med tanke på hon var ålderstigen och hade ett stort antal diagnoser. Detaljerna har försvunnit ur minnet, men det var uppenbart att hon inte klarade sig själv i hemmet, ens med hemhjälp.

Problemet var nu att man tänkte sända hem henne från sjukhuset, mitt i vintern, under dygnets allra mörkaste timmar, då det inte fanns några platser för inläggning. Dessutom visade det sig att transporten skulle ske via taxi och inte via ambulans. Att en taxichaufför skulle lyckas med konststycket att ensam, mitt i natten, baxa upp min mor för trapporna (hiss saknades), var fullkomligt uteslutet. Hon kunde knappt gå själv på plan mark. Återigen utnyttjade jag helt skamlöst förmåga att diskutera i medicinska termer med hänvisning till ett antal av hennes diagnoser och besvär. Efter en stunds diskuterande, närmast av för-handlingskaraktär, visade det sig att man faktiskt kunde skaka fram en akutplats på långvårdsavdelning.

*

Vid ett senare tillfälle kom jag att diskutera min mors fortsatta vård och handläggningen i hemmet med en vänlig och förstående kurator, för vilken jag förklarade att det var synd att min mor inte var häst. Kuratorn blev något förvånad och ville gärna ha detta förtydligat, vilket enkelt gick att göra genom att framhålla att en häst hade man skjutit i stället för att vanvårda på det sätt som här skedde. Återigen önskade kuratorn ett förtydligande. Mitt svar kom i konkreta ordalag, vilka dock skall besparas läsaren, men låt mig säga så här; en hästspilta mockas minst en gång dagligen. Motsvarande skötsel erbjuds inte alltid inom hemsjukvården. Gissningsvis hade budskapet i och med detta gått fram med önskvärd tydlighet, med endast måttligt angivande av detaljer.

Det är givetvis oklart om detta hade någon effekt på den fortsatta handläggningen, men min mor fick ganska snabbt därefter ett rum på Magdalenagården i Stockholm, ett boende om vilket jag endast har de mest positiva ord att säga. Detta innebar en otrolig avlastning för anhöriga. Hon avled där, lugnt och stilla.

NYA ÄVENTYR

År 2014 grundade jag Respinal AB och hyrde ut mig själv på halvtid till olika sjukhus i Sverige och Norge. Det gav en angenäm känsla av frihet att själv bestämma när jag ville arbeta, vara ledig et cetera.

2017 förlorade jag den bästa kunden, en plastikkirurgisk klinik i Uppsala, med högklassig verksamhet då man anställde en "egen" narkosläkare på heltid. Läget för hyrdoktorer blev successivt kärvare under flera år. Idag är dock läget helt annorlunda med ett stort antal erbjudanden om vikariat.

Hur som helst, även om jag nyligen hade fyllt 65 så kändes kalendern lite väl tom, så efter att samma år ha sett en annons om läkare till Försvarsmaktens verksamhet i Mali, så ringde jag. Efter några minuters diskussion kändes det ungefär som att en järnport slog igen bakom mig, men vi kom överens om att jag skulle åka ned till Göteborg för intervju, läkarundersökning och test av fysisk kapacitet. Uppenbarligen gick allt detta vägen och i maj samma år inställde jag mig på Svea Livgarde för *grundläggande soldatutbildning inför internationell insats* (GSU int), för att så småningom åka till Mali. Som en god far, så kändes det bäst att underrätta sina vuxna barn om planerna, något jag gjorde den 1 april. Informationen bemöttes, kanske inte helt förvånande, med viss skepsis.

För att uttrycka sig försiktigt, så var det ju några år sedan tidigare militärtjänst. GSU var definitivt inte mindre tuff än den genomgångna underofficersutbildningen vilken numera nedlagda I14 i Gävle erbjöd en gång i världen eller diverse fortsatta militära utbildningar. Här kan då, i förbifarten, nämnas att man genomgick ett antal militära utbildningar, ofta, men inte enbart, på somrar. Sverige hade fram till år 2000, femtio stycken fältsjukhus, varav 35 tillhörde oss i Armén och resten tillhörde Flottan. Att fältsjukhusen var tydligt inspirerade av de amerikanska fältsjukhusen "Mobile Army Surgical Hospital" (MASH) var det nog ingen tvekan om. Någon kanske rent av erinrar sig filmen "MASH" och de efterföljande TV-såporna med samma namn.

Vart och ett av de gamla fältsjukhusen hade ett stort antal vårdplatser, ett avsevärt antal intensivvårdsplatser, god operationskapacitet och tillgång till röntgen. Vi tränades i omhändertagande av skottskador genom att sövda grisar sköts med den typ av ammunition som används i krig. Grisarna var givetvis rejält sövda och specialutbildad veterinär närvarade hela tiden. Man kan i yttersta korthet säga att det är mycket lärorikt att se hur skadan ser ut efter en träff med höghastighetsammunition. En kon av devitaliserad (=död) vävnad impregnerad med hud och smuts utgör en enorm grogrund för infektioner och kräver att ordentlig kirurgi genomförs. Omhändertagande för att förebygga alternativt häva redan uppkommen svår blodförlust och/eller syresättningssvårigheter kunde vara nog så krävande. Hur man idag i en krigssituation skulle reda upp ett läge med ett antal svårt skadade, överskrider mitt enkla förstånd.

Åter till Livgardet våren 2017. Vapen och skyddsutrustning var helt annorlunda, så GSU var i högsta grad motiverad. Jag har aldrig skjutit så mycket som under GSU, samtidigt som det var roligt att notera att takterna med vapenhantering fanns kvar. Automatkarbin 5C blev en följeslagare liksom hjälm och skyddsväst. Vid något tillfälle påstod ett befäl att jag bommat ett skott i pricktavlan, men efter viss skärskådning av det något ovala ingångshålet, så enades vi om att det faktiskt var två kulor som gått in på, praktiskt taget, identisk plats. GSU erbjöd även fältdygn, exercis, marscherande, stridsövningar och bemötande av civila i olika miljöer och situationer, där våld är ett mycket mer naturligt inslag än i den svenska vardagen, detta bara för att ge några exempel. Efter detta tillkom flera repetitionsövningar från norr till söder.

Sammanfattningsvis kan sägas att utbildningen var bra och välbehövlig. Senare under året anträddes resan till Mali. Landet var och är tyvärr fortfarande att betrakta som en krigszon. Här kan betonas att alla åkte i egenskap av soldater, även om många av oss hade en specifik civil kompetens i ryggen.

En anledning till att vi alla reste som soldater, var vår beväpning med offensiva vapen som inte enbart var anpassade för självförsvar. I fält hade man stridsutrustning med skarpladdat vapen med patron i patronläget. Tiden i Mali präglades av oroligheter, våld och terrorism, men vidgade också vyerna och erbjöd nya lärdomar. En ny erfarenhet var att befinna sig på en plats för att bli informerad om att just där, slog en granat ned för någon tid sedan. Hemmagjorda, väl dolda, bomber (IED; Improvised Explosive Devices) förekom utmed vägar och stigar. Ibland upptäcktes de i tid, så att en särskild grupp kunde åka ut och oskadliggöra bomben, i andra fall detonerade bomben och orsakade både dödsfall och svåra skador. Jag var personligen inblandad i en händelse där FN-soldater från Elfenbenskusten råkade illa ut. Man kan lugnt säga att våra villkor i Mali var helt olika. De hade knappt någon skyddsutrustning och hade inte mycket mer än mat för dagen i ersättning.

Jihadister, före detta libyska legosoldater, tidigare anställda av Gaddafi, liksom vanliga kriminella, vilka livnärde sig genom omfattande smugglingsverksamhet, präglade landet Mali. Kidnappningar förekom i ökande grad och allmänna val som planerats till december 2017 skulle omintetgöras om inte vissa krigsherrar fick betalt för att "tillåta" valen.

Sahara är stort och Timbuktu är det svårt att säga något positivt om. Det fanns en del hus vilka föreföll ha god standard och som möjligen uppvisade antytt västerländsk arkitektur, vilket gjort att terroriströrelser förbjudit boende i dessa bostäder. Utanför husen fanns istället ofta ruffiga kojor där människorna bodde. Som jämförelse kom de sydafrikanska kåkstäderna att te sig närmast välorganiserade och med hyggligt beboliga hus. Transporter ut i fält gjordes via Terrängbil 16, även känd under namnet "Galten"; inget vrålåk, men väl anpassad för sin uppgift, bland annat genom att vara säker vid beskjutning med finkalibrig eld. Att säga att Mali var osäkert och att kraftfull beväpning behövdes är inte någon överdrift, snarare tvärtom.

En eloge skall ges till den svenska Försvarsmakten som såg till att man under tiden i Mali kunde ha regelbunden kontakt med anhöriga.

Efter hemkomst till Sverige mönstrade vi av i Arvidsjaur, med ankomst mitt i smällkalla vinternatten. De tunna ökenuniformerna byttes tack och lov relativt snart till mer situationsanpassad militär klädsel. Följande dag ägnades åt debriefing och olika diskussioner. På kvällen bjöds en angenäm middag med vin och därefter öppnade baren till självkostnadspris. Då tillvaron i Mali hade inneburit 100% total absolutism för alla, så förekom det att vissa "tog skadan igen". Vid uppställning i arla morgonstunden följande dag, kunde det hos några noteras en tämligen uttalad blekhet, möjligen i förening med viss ostadighet. Ansvariga befäl föreföll inte helt ovana vid situationen utan förklarade att om allmäntillståndet så påkallade, så var det bäst för alla om man i så fall gick tillbaka till logementet och vilade i några timmar till dessa att omgivningens sjögång hade minskat. Personligen vill jag påstå att den frivilliga avslutningsceremonin i Arvidsjaurs kyrka erbjöd, även för en ateist, en värdig inramning.

Några månader senare återsamlades vi för en uppföljande sammankomst med möjlighet till personliga diskussioner. En "livlina" för kontakt i händelse av posttraumatiska svårigheter presenterades också.

Åter i Sverige och dags för final på Akademiska sjukhuset med annalkande pension. Under sensommaren anträddes bilfärden till Portugal, det nya hemlandet. Vid några tillfällen har jag återkommit till Uppsala för kortare vikariat. Det kliniska arbetet har avtagit, men forskningen har fortsatt i form av gott samarbete och nya publikationer.

Efter kontakt med kollegor i Lissabon där vi skissat på gemensamt forskningsprojekt fick jag position som Professor, visserligen utan lön och utan förpliktelser från min sida, utan mer som en plattform för forskning, där jag i alla fall bidragit med en del publikationer utgångna från Nova Medical School, New University of Lisbon, Portugal.

Att emigrera utan att vara bekant med språket kan vara vad som ibland kallas för "utmaning", särskilt i ett av de länder som har en tämligen omfattande byråkrati, gillar stämplar, intyg och med svårighet att ändra ett tidigare felaktigt beslut. Icke desto mindre är portugiser vänliga, trevliga, hjälpsamma och man har en känsla av att de bryr sig och innerst inne vill en väl.

För att avslutningsvis knyta ihop säcken, så har livet hitintills inte varit långtråkigt, utan erbjudit ett antal varierande med- och motgångar.

Huvudbryderiet just nu rör den fortsatta karriären. Under försommaren 2023 hade jag nöjet att, bland många andra, även få träffa yngste dottersonen som då nyligen fyllt fyra år. En kväll vid middagsbordet berättade han om sin avsikt att bli brandman när han blir stor. Därefter tittade han noga och allvarligt på mig och frågade: "Morfar, vad skall du bli när du blir stor?"

Jag är honom fortfarande svaret skyldig.